K线图的

108个买入形态

富家益 —— 编著

技术特征—— 准确把握K线形态
出击买点—— 及时捕捉买入时机
经典案例—— 轻松掌握实战技巧
实战提高—— 深入理解买卖要点

富家益

口碑热销

扫一扫
赠送配套教学视频

中国纺织出版社有限公司

U0661760

内 容 提 要

K线技术是应用非常广泛的一种炒股技术工具。本书详细介绍了K线图中的108个买入形态，针对每个形态，都从技术特征、出击买点、经典案例、实战提高四个方面进行了介绍，十分方便、实用。

全书共分8章，第1章介绍单根K线的买入形态，第2章介绍K线组合的买入形态，第3章介绍多根K线的买入形态，第4章介绍K线图的其他买入形态，第5章介绍技术指标的买入形态，第6章介绍量价关系的买入形态，第7章介绍跟随主力的买入形态，第8章介绍K线图的综合买入形态。

本书既可以作为新股民初学K线技术的入门参考书，也可以作为有一定经验投资者的K线形态速查手册。

图书在版编目（CIP）数据

K线图的108个买入形态 / 富家益编著 . — 北京：中国纺织出版社有限公司，2021. 3（2025.11重印）

ISBN 978-7-5180-8066-3

Ⅰ．①K… Ⅱ．①富… Ⅲ．①股票投资－基本知识 Ⅳ．①F830.91

中国版本图书馆CIP数据核字（2020）第 209759 号

责任编辑：顾文卓　　责任校对：楼旭红　　责任印制：何 建

中国纺织出版社有限公司出版发行

地址：北京市朝阳区百子湾东里A407号楼　邮政编码：100124

销售电话：010—67004422　传真：010—87155801

http://www.c-textilep.com

中国纺织出版社天猫旗舰店

官方微博 http://weibo.com/2119887771

天津千鹤文化传播有限公司印刷　各地新华书店经销

2021年3月第1版　2025年11月第16次印刷

开本：710×1000　1/16　印张：15.5

字数：139千字　定价：49.80元

前　言
PREFACE

K线分析技术，又称"蜡烛图分析技术"，为众多股票分析技术中最为常用也最为实用的一门技术。对偏好技术分析的投资者而言，K线技术是炒股中必不可少的一个关注点。

K线分析技术具有以下三个优点：

第一，形象直观。每个K线形态都有着明确的技术特征，投资者可以非常轻松地进行辨认。

第二，买卖点明确。每个K线形态都包含着非常明确而具体的入场或出场信号，以及相应的止损点。

第三，紧跟趋势变化。K线形态的变化本身就包含着价格的变化，投资者通过观察K线形态，可以及时地发现趋势变化，进而把握买卖时机。

K线形态分析是K线分析技术的主要内容，甚至可以说是全部内容。为了帮助投资者更加快速、简便地掌握各种K线形态的分析技术及实战应用，我们特推出《K线图的108个买入形态》和《K线图的99个卖出形态》两本书。书中，对每个K线形态，我们都从以下四个方面做了全方位的阐述：

1. 技术特征

要想应用K线技术，首先必须认识K线形态，了解每个K线形态的表现形式和特征。在这部分中，我们详细介绍各种形态的技术细节及各种走势特征，并用图例加以说明，以方便投资者迅速地掌握该形态的技术要点。

2. 出击买（卖）点

对于每个形态的具体买入时机或卖出时机，我们都明确地加以介绍。通过这部分的学习，投资者可以快速掌握该形态的买卖点所在，进而更好地应用于实战。

3. 经典案例

对于每个形态，我们都选取经典的实战案例，进一步对形态特点、买卖时机加以解说。读者通过这些实战案例，可以更好地理解各个形态的应用，做到理论联系实际，快速地提高自己的实战水平。

4. 实战提高

在这部分中，我们针对每个形态在实战中需要格外注意的地方加以重点强调。通过这些内容，读者可以更深入、更全面地掌握每个形态的实战要点。

如果您从来没有接触过 K 线分析技术，那么通过本书，您将从理论到实际、从形态到买入时机，对 K 线分析技术建立起一个完整的认识。如果您对 K 线分析已经有了一定的认识，那么本书可以作为您的速查手册，在实战中为您提供切实有效的帮助。

另外，投资者需要注意，K 线技术是一种非常依赖于投资者主观能动性的技术。如果过于关注各种具体的形态而忽略了对 K 线技术内在机理的探索，那么，就相当于将自己放在了一个牢笼中，而 K 线技术也将变成一潭死水。

"无招胜有招"，不仅是一种武学境界，同时也是技术分析的极高境界。这一境界需要我们不断地追寻，不断地探索。

在本书写作过程中，关俊强、程淑丽、李金山对本书的设计思路和体系给出了具体修改意见，齐艳霞、王淑敏、刘伟审阅了部分内容，设计中心贾月、赵睿、董连香、孙宗坤、程富建负责插图和排版的设计，在此一并表示感谢。

富家益

2020 年 9 月

目　录
CONTENTS

第 1 章　单根K线的买入形态

第 2 章　K线组合的买入形态

第 3 章　多根K线的买入形态

第 4 章　K 线图的其他买入形态

第 5 章　技术指标的买入形态

第 6 章　量价关系的买入形态

第 7 章　跟随主力的买入形态

第 8 章　K线图的综合买入形态

单根 K 线的买入形态

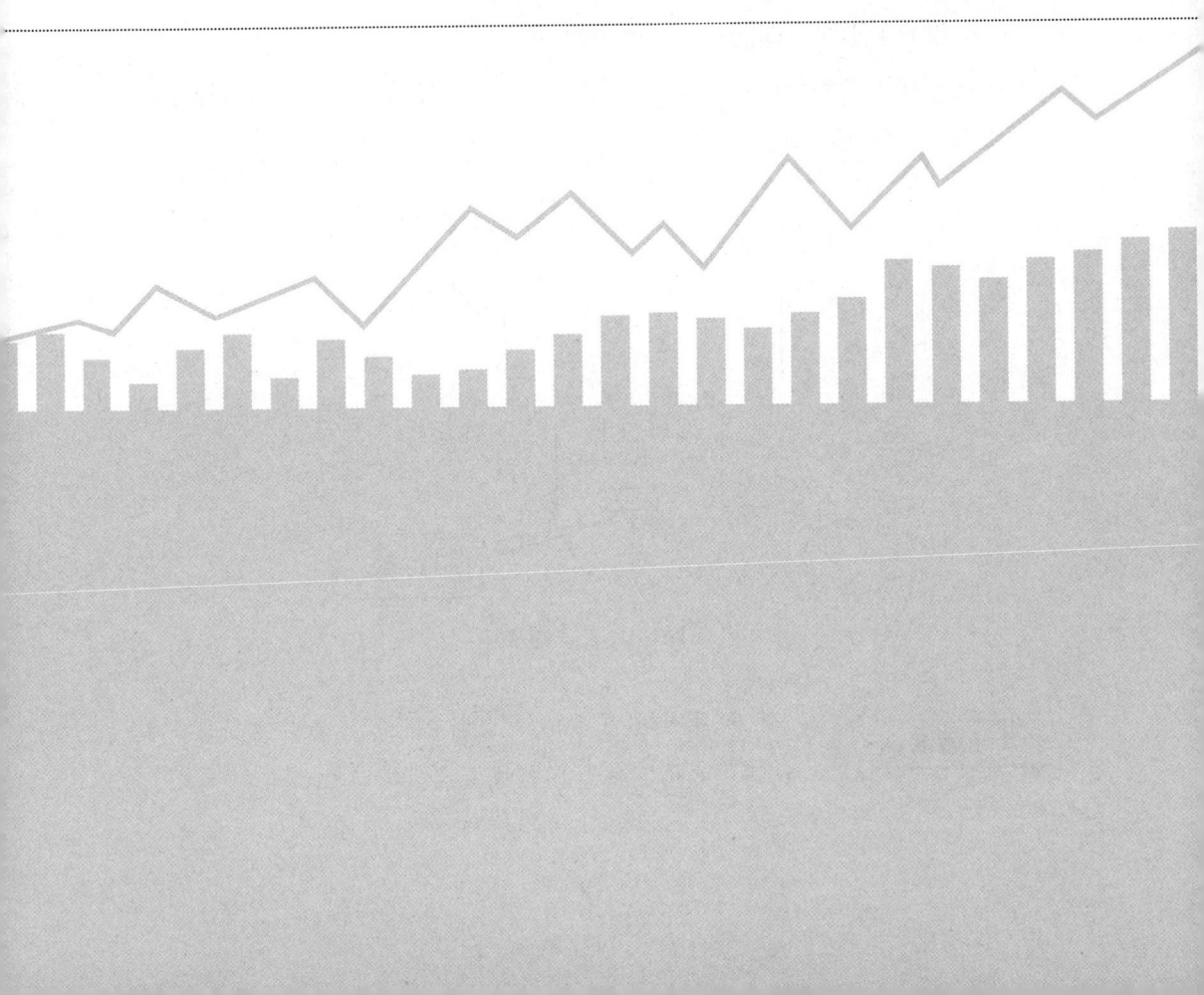

形态 1：低位锤子线

➲ 技术特征

　　1. 在下跌趋势中出现，实体较小，而且实体位置处于当天价格的顶端位置。

　　2. 下影线较长，其长度是实体长度的两倍或以上。

　　3. 实体是阴线或阳线均可。

　　4. 没有上影线，即使有的话也非常短。

　　这种在下跌趋势中出现，外形像"锤子"一样的 K 线组合，即低位锤子线形态，如图 1-1 所示。

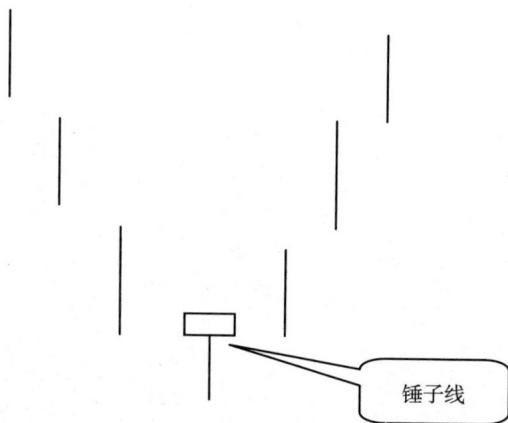

图1-1　低位锤子线

出击买点　　锤子线出现后的下一个交易日，若收盘价能够越过锤子线的实体，则构成买点。

⊃ 经典案例

如图 1-2 所示，经过一段下跌趋势后，2018 年 10 月 17 日，联美控股（600167）收出一根锤子线，发出看涨信号。下一交易日，股价低开，价格基本在锤子线的下影线范围内活动，表明多空双方仍在激烈交锋。10 月 19 日，该股低开高走，股价迅速越过前期锤子线实体，买点出现。

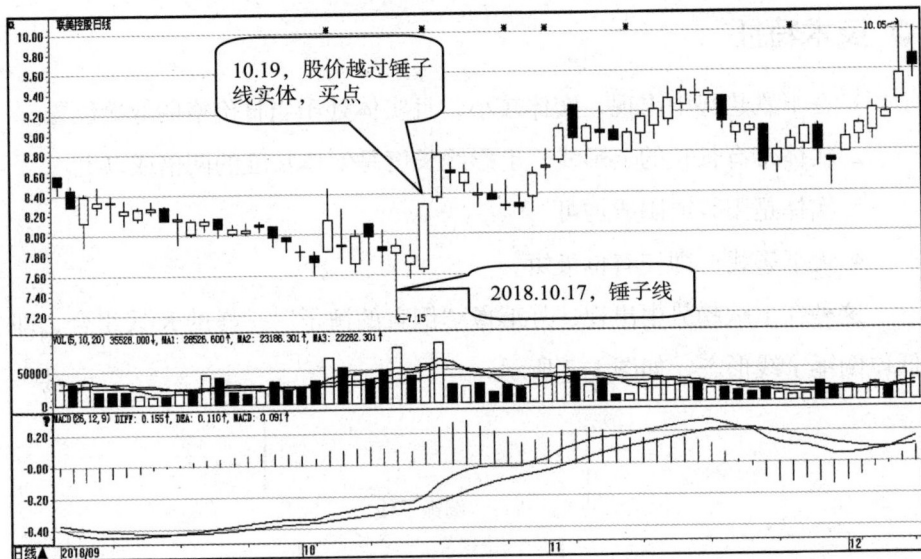

图1-2　联美控股日K线

实战提高

1. 锤子线的下影线越长，则看涨信号越强烈。

2. 有时在锤子线出现后，股价会再次回落。若股价不跌破锤子线的低点，就说明二次探底成功。当股价再次回升并越过锤子线实体时，构成买入时机。

3. 投资者根据锤子线的看涨信号买入后，可以将锤子线的最低点设为止损位。

形态 2：低位倒锤子线

➲ 技术特征

1.在下跌趋势中出现，实体较小，且实体处于当日价格的低端位置。

2.实体带有长长的上影线，上影线长度是实体长度的两倍或以上。

3.实体是阳线或阴线均可。

4.无下影线，即使有也极短。

这种在下跌趋势中出现，外形像"倒着的锤子"一样的 K 线组合，即低位倒锤子线形态，如图 1-3 所示。

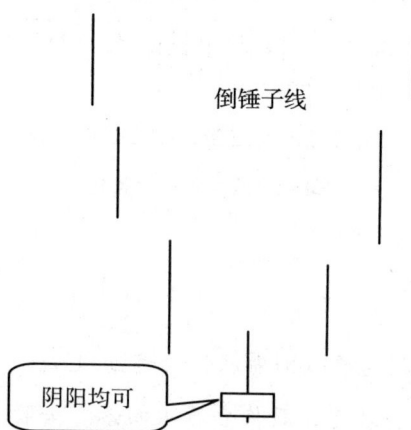

倒锤子线

阴阳均可

图1-3 低位倒锤子线

在下降趋势中，股价在低位出现倒锤子线，说明在这个交易时段中，多方开始发动反击，虽然收盘时空方又将股价打压下来，但是多方的反击使得行情开始出现反转迹象。

出击买点　　　　低位倒锤子线出现后的下一个交易日，若收盘价能够越过倒锤子线的实体，则构成买点。

⮩ 经典案例

如图 1-4 所示，在经过一波下跌趋势后，2020 年 4 月 29 日，标准股份（600302）在低位收出一根倒锤子线，发出看涨信号。下一交易日，即 2020 年 4 月 30 日，该股持续上涨，越过倒锤子线实体，买点出现。

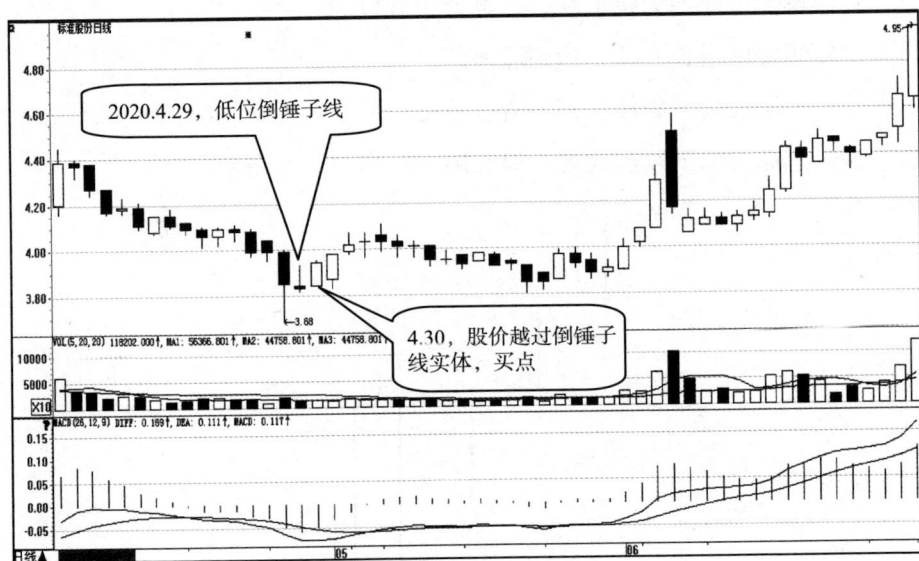

图1-4　标准股份日K线

实战提高

1. 从倒锤子线的形成过程可以看出，该形态的反转意义并不是十分强烈，因为空方仍然占优，倒锤子线非常需要进一步的看涨信号来验证。

2. 低位倒锤子线的上影线越长，看涨信号就越强烈。

3. 投资者买入后，可以将低位倒锤子线的最低价设为短线止损点。

形态 3：大幅下跌后的第一根大阳线

➲ 技术特征

1. 股价经过前期大幅下跌，已经处于低位。

2. K 线实体很长，甚至达到涨停。

3. 无上影线或下影线，即使有也较短。

该形态即大幅下跌后的第一根大阳线，如图 1-5 所示。

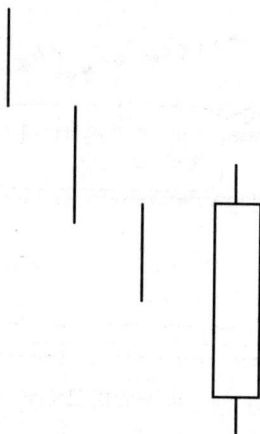

图1-5　大幅下跌后的第一根大阳线

大幅下跌后的第一根大阳线，表示下跌动能经过充分释放后，多方在当天占据了绝对优势，将股价向上推进了一大步，上涨动能非常强劲。

出击买点 ➡ 第一根大阳线出现后的第二个交易日，若股价继续放量上涨，越过大阳线实体，则构成买点。

➲ 经典案例

　　如图 1-6 所示，经过前期大幅下跌后，2020 年 5 月 28 日，新力金融（600318）在低位出现一根大阳线，发出看涨信号。第二个交易日，即 2020 年 5 月 29 日，该股跳空高开，越过大阳线的实体，买点出现。

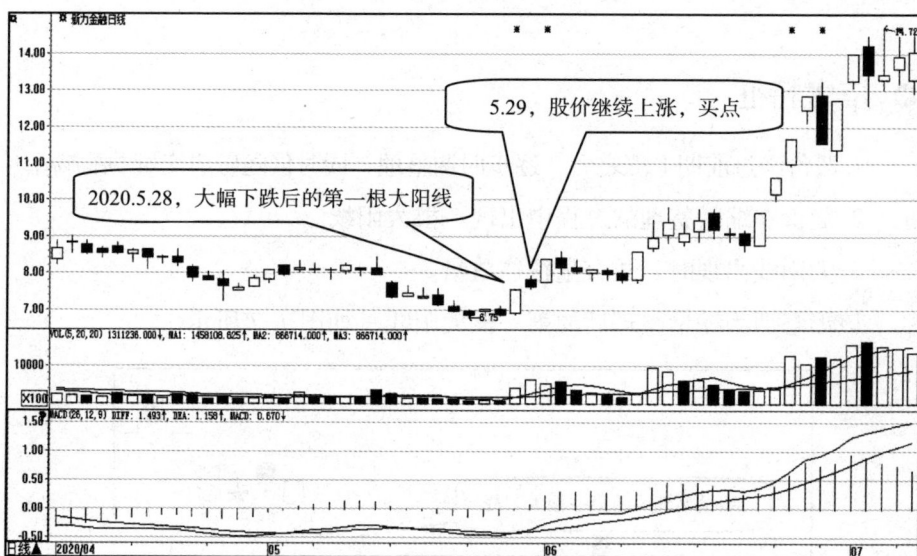

图1-6　新力金融日K线

实战提高

　　1. 大阳线往往与其前后的蜡烛图组合成看涨吞没、曙光初现、旭日东升等买入形态，这是更为强烈的看涨信号。

　　2. 该形态出现之后，伴随着股价的上涨，成交量会明显放大。

形态4：缩量整理后的第一根大阳线

➲ 技术特征

1.股价经过前期上涨之后，逐步回调整理，同时伴随着成交量的缩减。

2.股价在缩量整理的过程中出现一根大阳线。

3.大阳线出现时，成交量往往放量。

该形态即为缩量整理后的第一根大阳线，如图1-7所示。

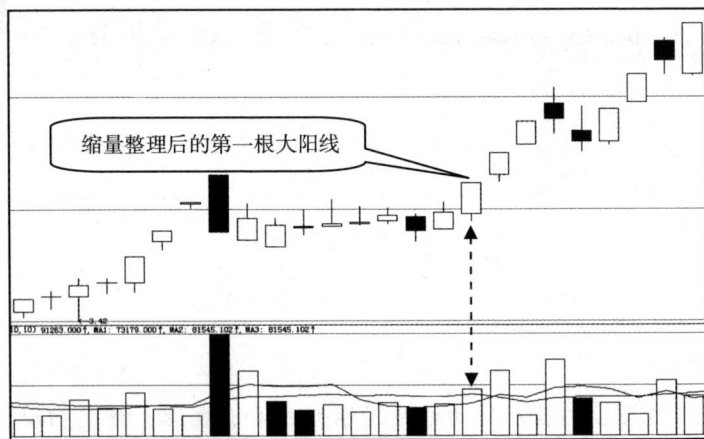

图1-7　缩量整理后的第一根大阳线

缩量整理后的第一根大阳线，表明市场在缩量震荡的过程中，再次聚集向上动能，股价接下来将延续原来的上涨趋势。

出击买点 ➡　　大阳线出现后的第二个交易日，若股价继续放量上涨，越过大阳线实体，则构成买点。

➲ 经典案例

　　如图 1-8 所示，从 2020 年 4 月下旬至 5 月下旬，中新药业（600329）在经过前期上涨之后，出现了近一个月的缩量整理走势。2020 年 5 月 19 日，该股放量涨停，形成缩量整理后的第一根大阳线，发出看涨信号。5 月 20 日，该股跳空高开，继续上涨，买点出现。

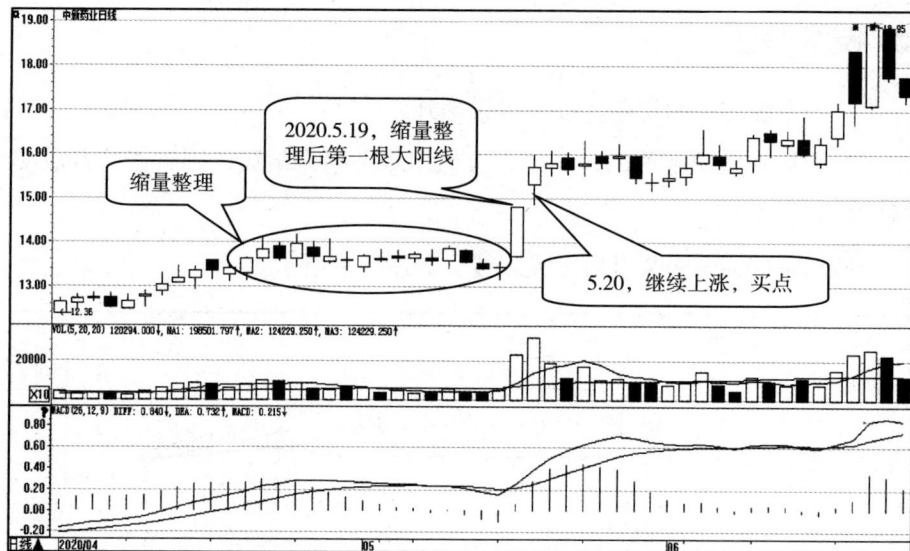

图1-8　中新药业日K线

　　实战提高

　　1. 股价缩量整理的时间越长，接下来出现的上涨走势，其涨幅就越大，这就是常说的"横有多长，竖有多高"。

　　2. 买点出现时，往往放量。

　　3. 这根大阳线出现时，往往突破前期重要压力线，表明市场将延续原来的上涨趋势，这些重要压力线包括前期高点、60 日均线等。

形态 5：缓慢攀升后的大阳线

⮂ 技术特征

1. 在上涨趋势的初期，股价缓缓攀升。

2. 股价在缓缓上涨的过程中，突然出现一根大阳线，同时伴随着成交量的显著放大。

该形态即为缓慢攀升后的大阳线，如图 1-9 所示。

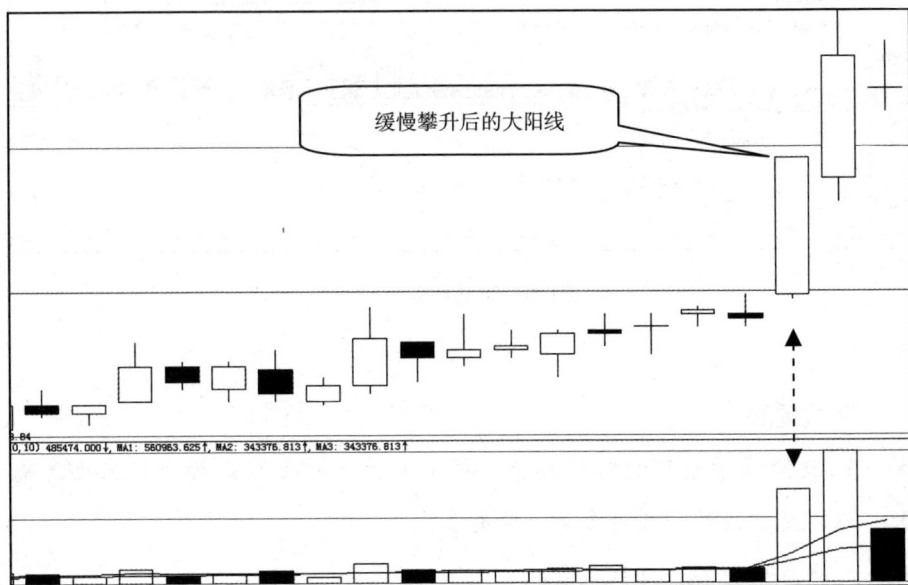

图1-9　缓慢攀升后的大阳线

缓慢攀升后出现大阳线，表明股价开始加速上涨，接下来将出现一波较大上涨趋势。

出击买点 放量大阳线之后的第二个交易日，若股价继续放量上涨，越过大阳线实体，则构成买点。

➲ 经典案例

如图 1-10 所示，在经过近一个月地缓缓上涨之后，2019 年 12 月 18 日，天通股份（600330）出现缓慢攀升后的大阳线，同时伴随着成交量的放大，发出看涨信号。12 月 19 日，该股继续放量上涨，越过大阳线实体，买点出现。

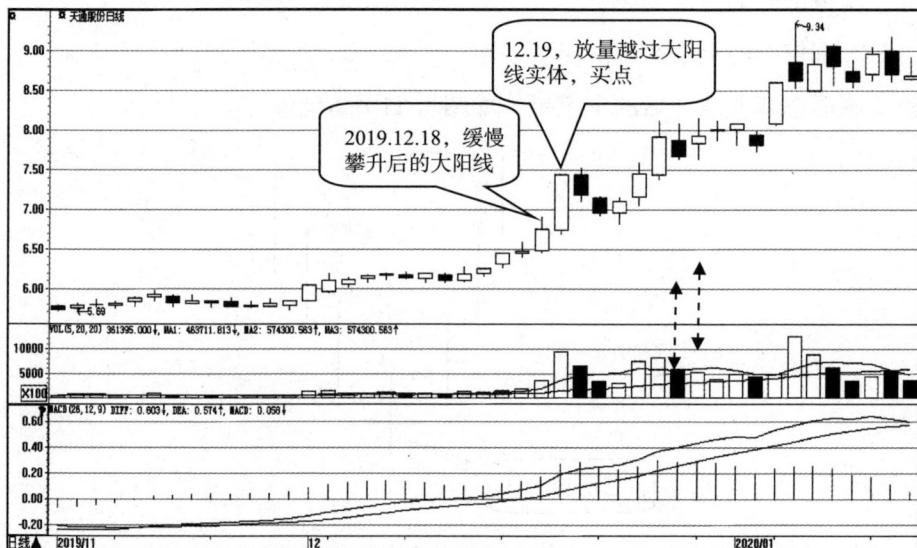

图1-10　天通股份日K线

实战提高

1. 该形态形成的过程中，股价缓慢攀升时，一般伴随成交量的缓缓放量。

2. 在股价缓慢攀升的过程中，市场上涨趋势得以确认，这是接下来出现加速上涨走势的前提，投资者可以通过其他技术指标来辅助判断。

形态 6：大跌之后的十字星

➲ 技术特征

1. 出现在一波大幅下跌走势之后，开盘价与收盘价完全相同或基本相等，实体部分为"一"字。

2. 有较长的上下影线。

该形态即大跌之后的十字星，如图 1-11 所示。

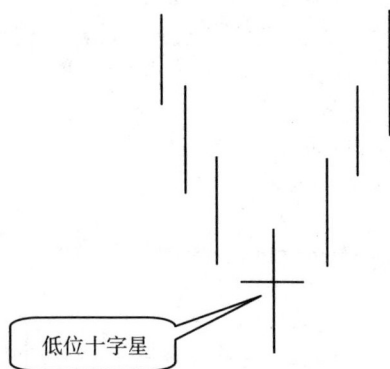

图1-11　低位十字星

低位十字星为市场行情反转的信号。在下跌行情中，空方一直占据主动，如果这时出现十字星，表示多空双方陷入僵持，之前空方推动的下跌行情已经结束，市场将在多方的推动下出现一波上涨走势。

出击买点 ➡　低位十字星出现后的第二个交易日，若股价上涨越过十字星实体，则构成买点。

⊃ 经典案例

如图 1-12 所示，经过前期大幅下跌之后，2020 年 4 月 29 日，西藏珠峰（600338）出现大跌之后的十字星形态，发出看涨信号。4 月 30 日，该股股价高开，越过十字线实体，买点出现。

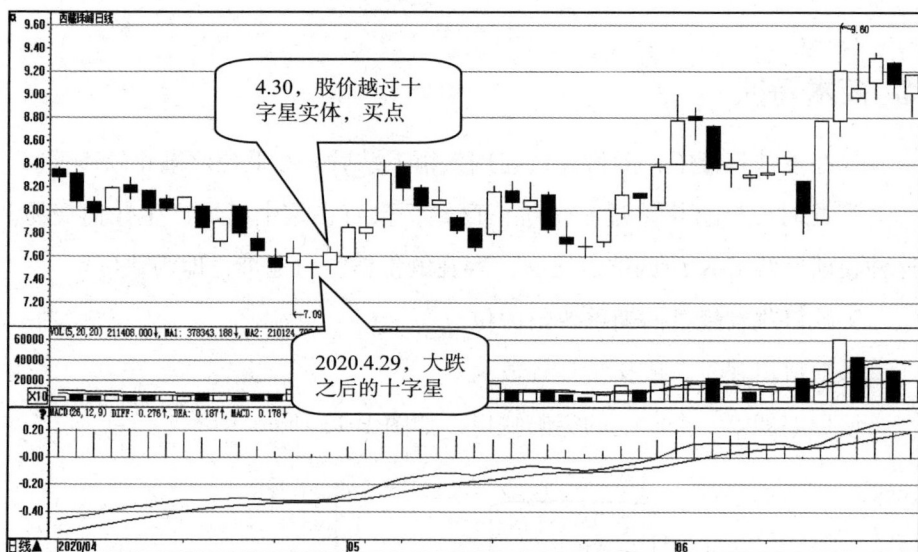

图1-12　西藏珠峰日K线

实战提高

1. 投资者买入之后，可以将止损放在十字星的最低点。

2. 大跌之后的十字星出现后，第二个交易日股价如果马上跌破十字星最低价，则表示空方重新获取主动。这时投资者不能急于买入股票，应该继续持币观望。

3. 十字星多与其他 K 线组合形成更加强烈的看涨或看跌形态，如启明之星、黄昏之星等。

形态 7：第一个向上的突破缺口

➲ 技术特征

1. 在下跌趋势中，股价经过前期大幅下跌后，在低位逐渐止跌震荡。

2. 此时股价直接跳过某个价格区域，没有在这个区域产生任何交易。这种在前后两根 K 线的端点之间，存在的价格空白地带，即为缺口。

3. 缺口跳空越过前期重要阻力位。

4. 缺口出现时，成交量往往放大。

该形态即第一个向上的突破缺口，如图 1-13 所示。

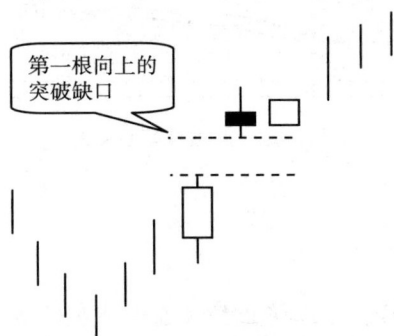

图1-13　第一个向上的突破缺口

第一个向上的突破缺口，表明上涨动能极为强烈且上涨趋势已经基本形成。接下来只要股价不回补缺口，一般将出现一波较大的上涨走势。

出击买点　　第一个向上的突破缺口出现后，第二个交易日，若股价不回补缺口，则构成买点。

⊃ 经典案例

如图 1-14 所示，经过前期底部震荡，从 2020 年 6 月底开始，中油工程（600339）的股价开始止跌回升。2020 年 7 月 6 日，该股跳空出现缺口，形成第一个向上的突破缺口形态，发出看涨信号。第二个交易日，股价没有回补缺口，买点出现。

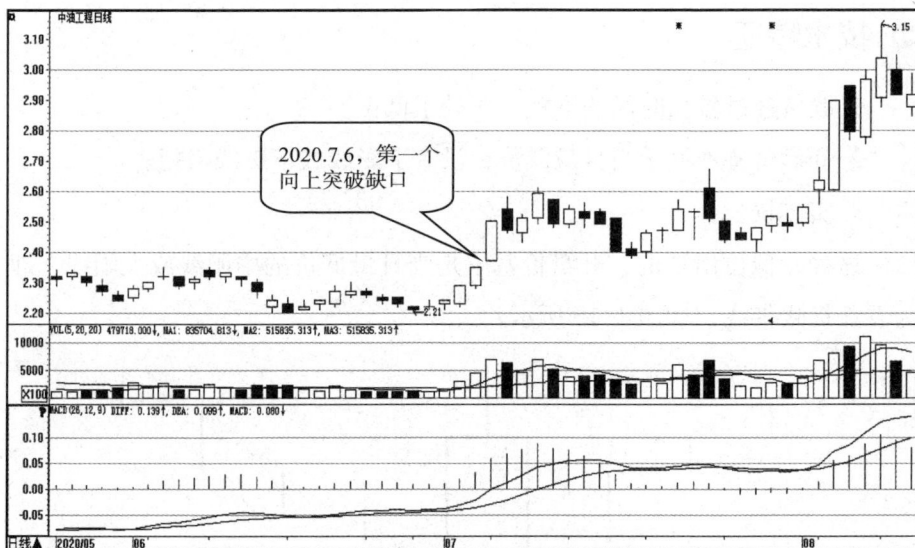

图1-14　中油工程日K线

实战提高

1. 缺口具有很强的支撑或阻力作用。在下跌趋势中，第一个向上的突破缺口形成后，缺口就成为重要的支撑地带，如果股价接下来没有回补缺口，就表明市场上涨趋势的彻底形成。

2. 第一个向上的突破缺口出现后，股价接下来有可能形成多个缺口。

3. 第一个缺口放量突破的前期重要阻力线，可以是前期高点，也可以是均线等。

形态 8： 看涨捉腰带线

⊃ 技术特征

1. 股价经过较长时间的下跌，正处于低位。

2. 开盘价基本处于当日最低价，没有下影线或下影线极短。

3. 实体较长。

这种在低位出现的，开盘价基本是当日最低价的中阳线或大阳线，即为看涨捉腰带线，如图 1-15 所示。

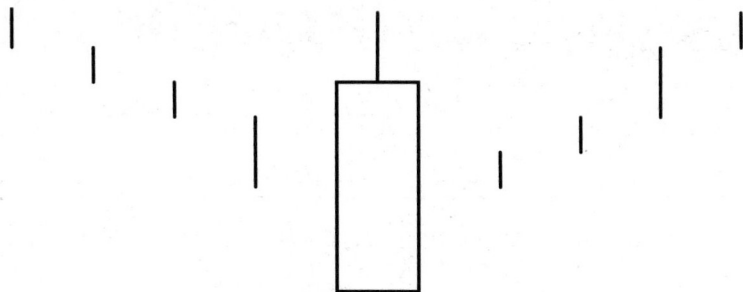

图1-15　看涨捉腰带线

看涨捉腰带线又称光脚阳线，在经过较长时间的下跌之后，股价开盘后一路上涨，表明多方强势，为看涨信号。

出击买点 ➡　　　看涨捉腰带线出现后，第二个交易日，若股价没有创出新低，则构成买点。

⊃ 经典案例

如图 1-16 所示，在经过较长时间的下跌之后，2020 年 4 月 29 日，乐山电力（600644）在低位出现看涨捉腰带线，发出看涨信号。第二个交易日，即 4 月 30 日，该股股价虽然低开，但没有创出新低，买点出现。

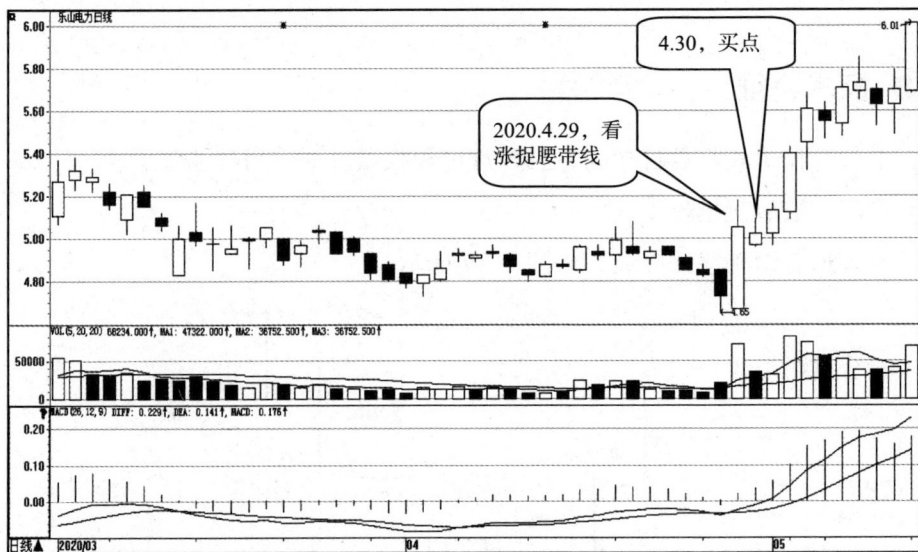

图1-16　乐山电力日K线

实战提高

1. 如果图形上出现看涨捉腰带线形态，并不意味着趋势马上反转，操作上需要进一步信号的验证。

2. 看涨捉腰带线和前后相邻 K 线组合，往往形成看涨吞没形态或低位孕线形态。

形态 9：一字涨停线

➲ 技术特征

1. 开盘价和收盘价相同，且开盘价和收盘价都是当日涨停价。

2. 一般成交量较少。

该形态即一字涨停线，如图 1-17 所示。

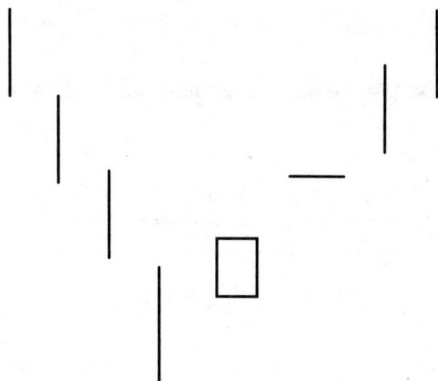

图1-17　一字涨停线

　　一字涨停线往往是由于市场突发性利好所导致的，此时市场由于强烈的看涨预期导致只有人买而没有人卖，之后股价有较大可能继续上涨，甚至出现连续性的一字涨停线。

　　当股价连续出现一字涨停线后，由于成交量极低，众多买盘可能无法买入成功。之后，当连续一字涨停线被打开后，由于前期获利盘蜂拥而出，股价往往会短期回调。因此，投资者可以等待连续涨停打开后，逢低买入。

出击买点1 ▶ 一字涨停线出现后，第二个交易日股价继续上涨，则构成买点。

出击买点2 ▶ 当出现连续一字涨停线时，待涨停放量打开，股价出现回调时，投资者可逢低买入。

➲ 经典案例

如图 1-18 所示，经过前期缓缓平移之后，2020 年 2 月 17 日开始，航发科技（600391）开始大幅上涨。2 月 18 日，该股出现一字涨停线，发出看涨信号。2 月 19 日，该股继续放量上涨，买点出现。

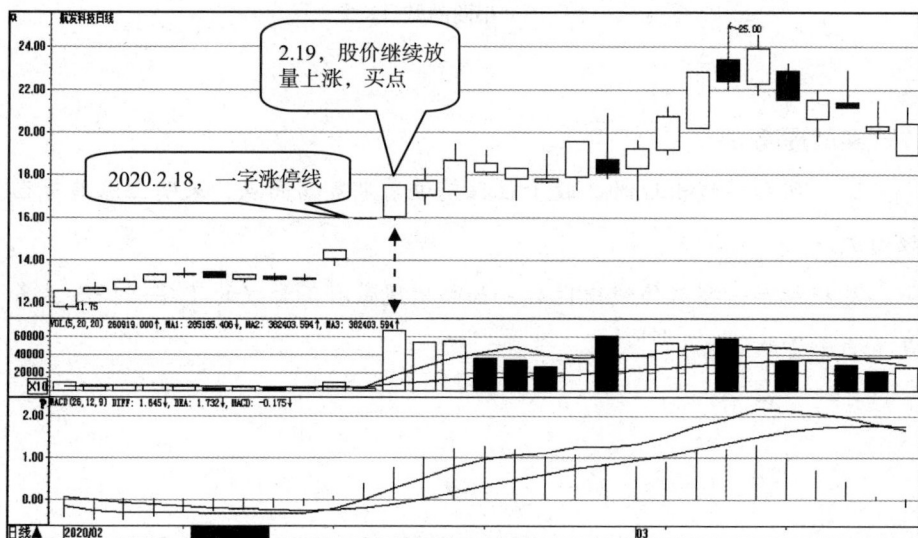

图1-18 航发科技日K线

如图 1-19 所示，2020 年 6 月，仍处于低位的小商品城（600415）开始上涨，6 月 2 日至 5 日，连续 4 个交易日出现一字涨停线，发出看涨信号。6 月 8 日，涨停被打开，投资者可以等股价震荡回调时逢低买入。

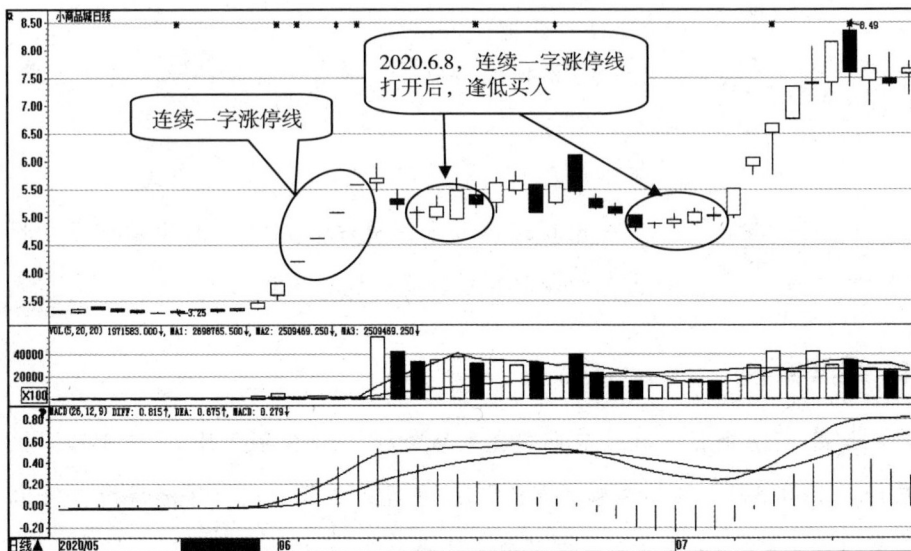

图1-19　小商品城日K线

实战提高

1. 一字涨停线出现时，股价往往越过前期震荡高点，表明上涨趋势已经形成。

2. 连续性一字涨停线出现后，如果出现带有下影线的 T 字涨停线，多是主力出货的迹象。

形态 10：低位螺旋桨

➲ 技术特征

1. 在下跌趋势中，出现一根小阴线或小阳线。

2. 小阴线或小阳线同时带有较长的上下影线。

这种在下跌趋势中出现，外形像螺旋桨的 K 线，即低位螺旋桨形态。如图 1-20 所示。

阴阳皆可

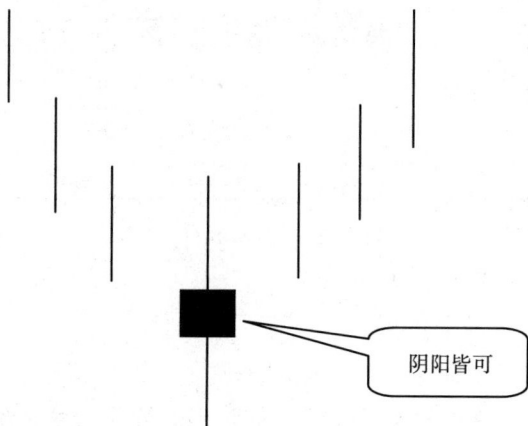

图1-20　低位螺旋桨

低位螺旋桨形态和十字星类似，也是表示之前主导行情的空方力量衰竭，股价即将结束之前行情，因此该形态也是反转信号。

出击买点 低位螺旋桨形态出现后，第二个交易日，若股价上涨并越过螺旋桨实体，则买点出现。

21

⊃ 经典案例

　　如图 1-21 所示，在经过前期下跌之后，2020 年 2 月 3 日，山东黄金（600547）出现低位螺旋桨形态，发出看涨信号。第三个交易日，即 2 月 5 日，该股股价上涨并越过低位螺旋桨实体，买点出现。

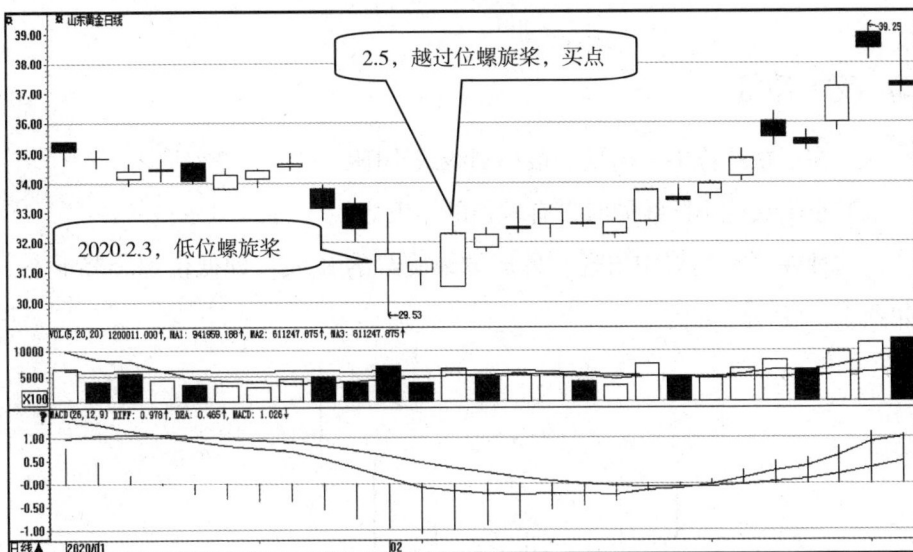

图1-21　山东黄金日K线

实战提高

　　1. 低位螺旋桨形态的影线越长，则该形态的反转意义越强烈。

　　2. 螺旋桨的实体部分既可以是阳线，也可以是阴线，二者并没有本质区别。但是在实战中，阳线的看涨信号要比阴线更强烈。

　　3. 在股价前期走势、成交量等其他条件均相似的前提下，螺旋桨形态的反转信号强度要弱于十字星。

第 2 章

K 线组合的买入形态

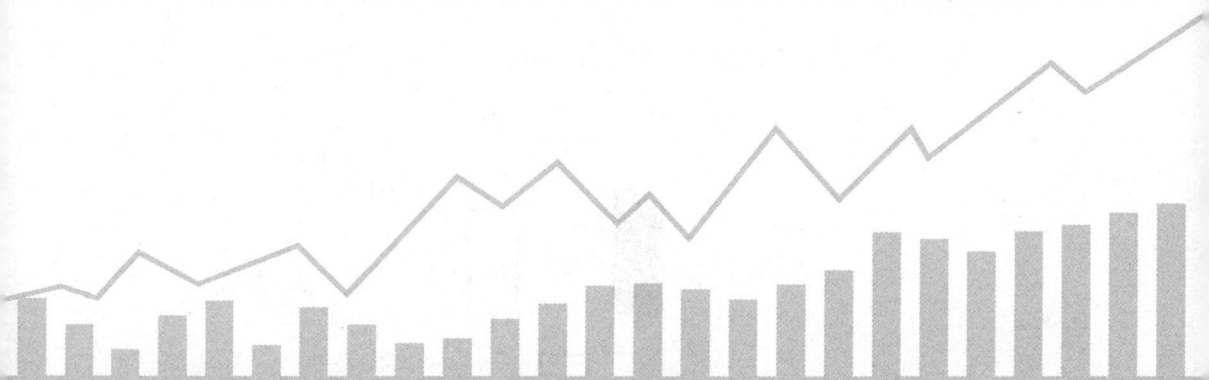

形态 11：启明之星

➲ 技术特征

1. 首先是一根实体较长的阴线。

2. 紧跟阴线之后，是一根实体向下跳空的星线。星线可以是小阳线、小阴线或十字星，带有较长的上下影线。

3. 星线之后是一根阳线，并且这根阳线的实体上端进入了第一根阴线的实体之内。

该形态即为启明之星，如图 2-1 所示。

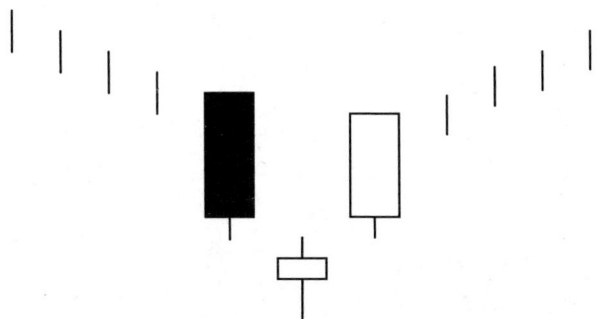

图2-1　启明之星

启明之星表示多空双方力量转换，市场由空方主导行情变成多方主导行情，为买入信号。

出击买点 　启明之星形态出现后的第二个交易日，若股价继续上涨越过前根 K 线实体，则构成买点。

➲ 经典案例

　　如图 2-2 所示，2020 年 3 月 20 日开始，贵州茅台（600519）出现启明之星的看涨形态。第二个交易日，股价低开，没有越过前根 K 线的实体，但股价蓄势的劲头很足。3 月 24 日，股价跳空高开，顺利越过 3 月 20 日的 K 线实体，买点出现。

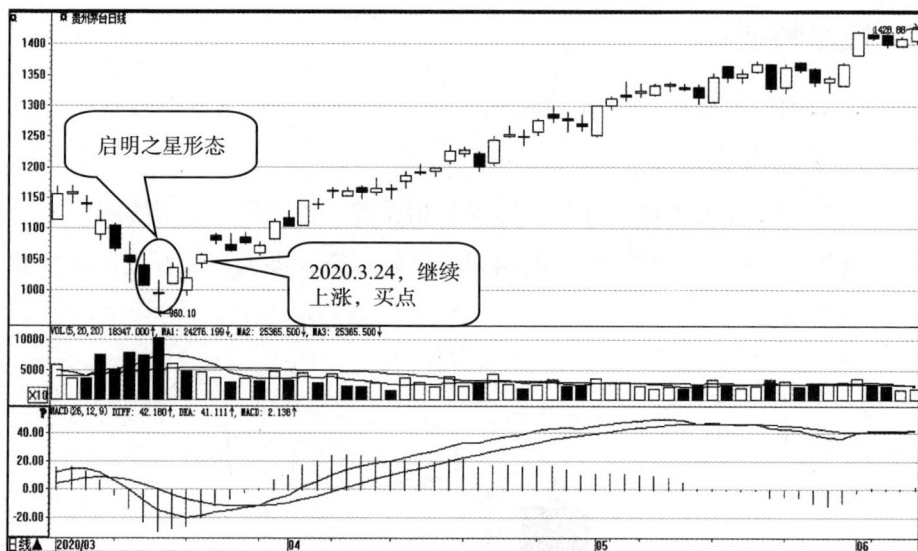

图2-2　贵州茅台日K线

实战提高

　　1. 按照启明之星形态买入后，投资者应该将止损位设定在星线的下影线上。如果在出现启明之星后几天内股价跌破星线的下影线，表示形态失败，这时投资者必须马上卖出。

　　2. 启明之星形态出现在下跌趋势后期时，一般成交量较低。之后伴随着股价的上涨，成交量将逐步放大。

形态 12：看涨吞没

⮩ 技术特征

1. 由前后两根相邻的 K 线组成，第二根 K 线的实体要将第一根 K 线的实体完全"包住"。

2. 两根 K 线的实体，其颜色需要是相反的，也就是"前阴后阳"。

这种由两根颜色不同 K 线所组成的反转形态，即为看涨吞没形态，如图 2-3 所示。

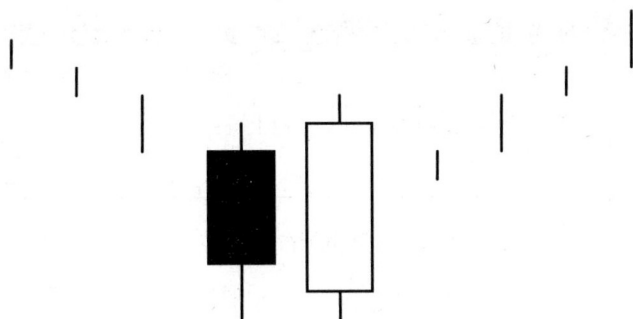

图2-3　看涨吞没形态

看涨吞没形态，具有强烈的看涨反转意味。在一段下跌趋势中，空方持续占据优势，并在某天的开盘时继续进攻（开盘价出现低开情形），但是在当天的盘中，形势突然发生了变化。多方奋起反击，并把收盘价推升到前一根阴线开盘价的上方。当天阳线的实体将前一根阴线的实体完全包容，说明多空力量对比发生了极大的转变，多方力量已经开始压倒空方力量。

出击买点　　　看涨吞没形态出现后，第二个交易日，若股价继续上涨，不跌破形态最低点，则买点出现。

⊃ 经典案例

如图 2-4 所示，在经过前期一波下跌走势后，2020 年 5 月 25 日，时代出版（600551）出现看涨吞没形态，发出看涨信号。第二个交易日，即 5 月 26 日，该股放量上涨，买点出现。

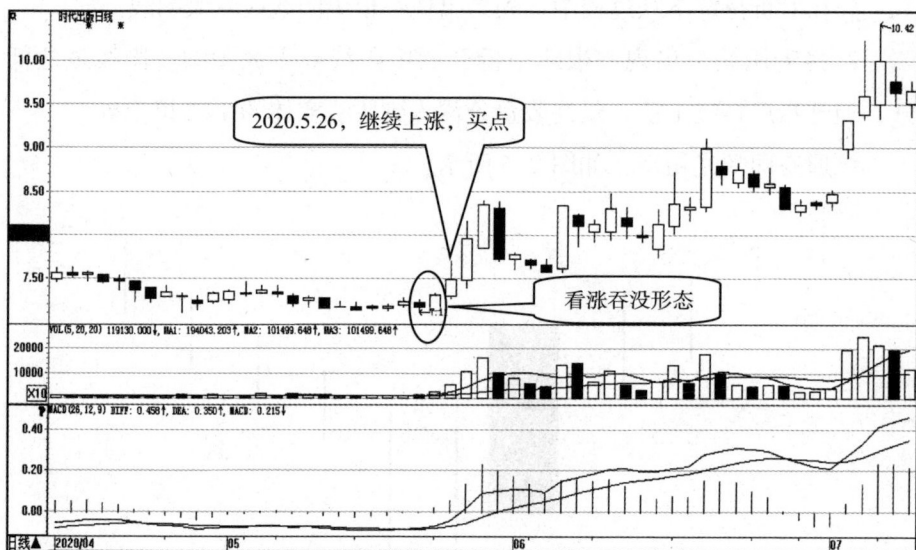

图2-4　时代出版日K线

实战提高

1. 在该形态中，前后两根 K 线的长短越悬殊，则看涨意义就越强烈。

2. 一般来说，在看涨吞没形态出现之前，股价必须有一段明确的下跌行情，否则该形态不具备行情反转的指示作用。

形态 13：曙光初现

➲ 技术特征

1. 在股价持续下跌过程中，先是出现一根中阴线或者大阴线。

2. 接着阴线，出现一根跳空低开的中阳线或者大阳线。阳线虽然低开，但开盘后持续上涨，最终收盘价深入到阴线实体的 1/2 以上处。

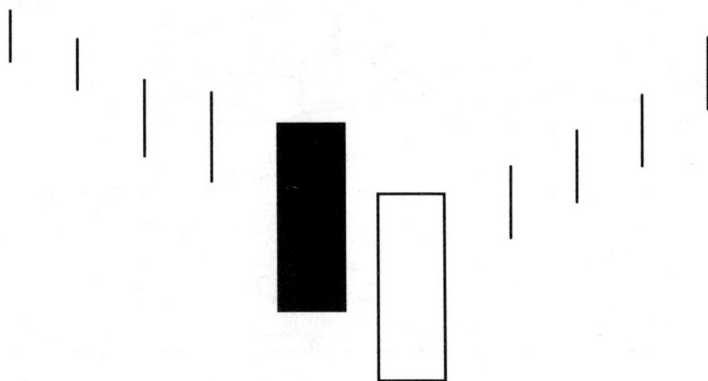

该形态即曙光初现，如图 2-5 所示。

图2-5　曙光初现

曙光初现形态表示行情结束下跌，多方力量开始反攻，它预示着股价即将见底回升，是看涨信号。

出击买点 ➤　曙光初现形态出现后，第二个交易日股继续上涨，不跌破形态最低点，则买点出现。

➲ 经典案例

如图 2-6 所示，经过前期较大幅度的下跌之后，2020 年 4 月 29 日，维科技术（600152）出现曙光初现形态，发出看涨信号。第二个交易日，即 4 月 30 日，该股股价跳空高开，显示出较强的上涨动能，这是曙光初现形态看涨信号启动的表现，买点出现。

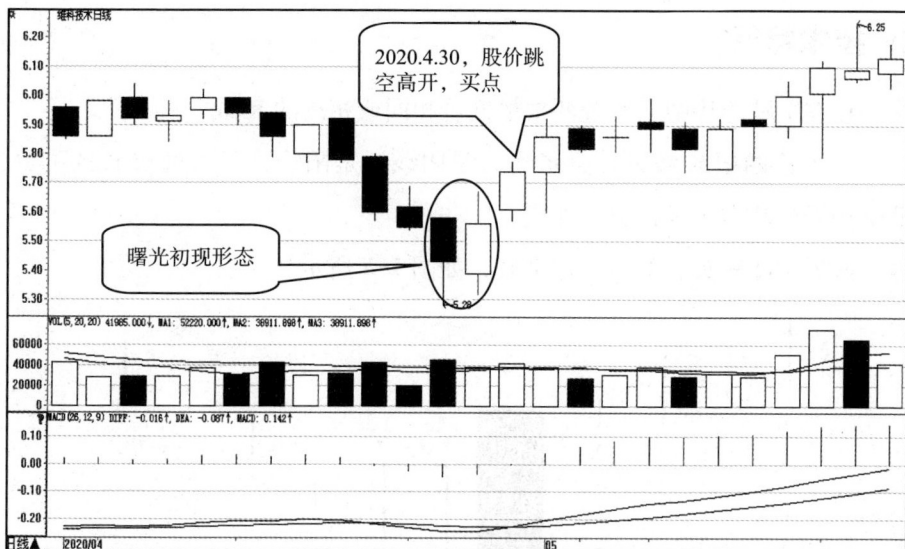

图2-6　维科技术日K线

实战提高

1. 在该形态中，阳线实体进入阴线实体部分越深，看涨信号就越强烈。

2. 如果在阴线位置上成交量萎缩，阳线位置上成交量放大，则表示股价筑底成功，看涨信号的强度将大大增加。

3. 出现曙光初现形态后，如果股价马上展开上涨行情，上涨幅度往往并不大。相反，出现曙光初现后，如果股价有短暂的蓄势整理过程，后市往往会出现强劲的上涨行情。

形态 14：平头底部

⮑ 技术特征

1. 在下跌趋势中，出现两根最低价相同或相近的 K 线。

2. 无论两根 K 线是什么形态，是阴线还是阳线，只要两根 K 线的最低价相等或基本相等，形态即成立。

该形态即平头底部，简称平底，如图 2-7 所示。

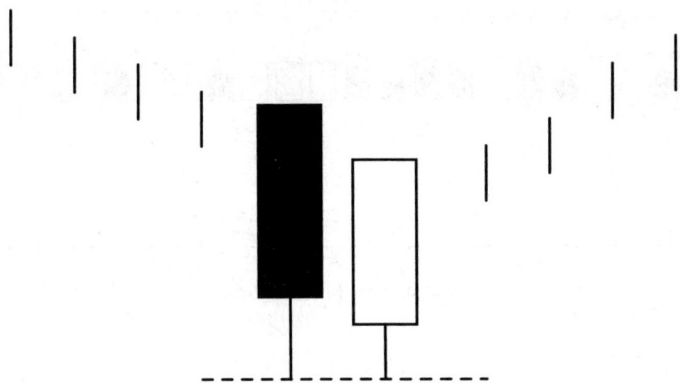

图2-7　平底形态

在股价下跌一段时间后出现该形态，表示股价在此价位获得支撑，是股价见底的信号。

出击买点 ➤ 　平头底部形态出现后，第二个交易日，若股价继续上涨并越过前根 K 线的实体，则买点出现。

➲ 经典案例

如图 2-8 所示，在经过一波下跌走势之后，2020 年 4 月 24 日，川投能源（600674）出现平头底部形态，发出看涨信号。第二个交易日，即 4 月 27 日，该股股价高开高走，继续上涨，越过前根 K 线的实体，买点出现。

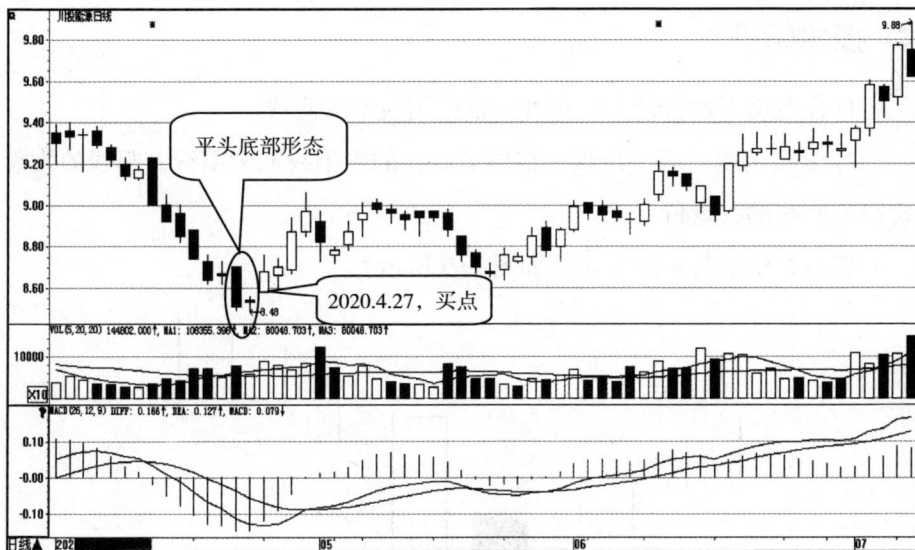

图2-8　川投能源日K线

实战提高

1. 单纯平底信号的看涨指示作用很弱，在看到这种形态时，投资者可以重点观望，最好不要贸然买入。如果在出现平底信号的同时再出现其他看涨信号，则形态的强度将大大增强。

2. 平底形态中两根 K 线实体越长，则看涨信号越强烈。

3. 该形态形成时，股价仍处于下跌趋势中，成交量较低。之后伴随着股价的上涨，成交量将逐步放大。

形态 15：旭日东升

➲ 技术特征

1. 在股价下跌行情中，出现一根中阴线或大阴线。

2. 紧跟阴线之后，出现一根跳空高开的中阳线或大阳线，阳线的收盘价高于阴线的收盘价。

该组合即旭日东升形态，如图 2-9 所示。

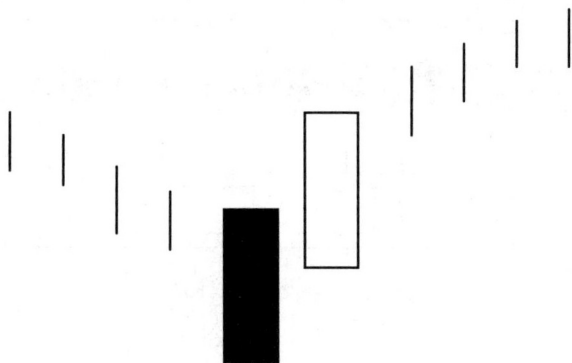

图2-9　旭日东升

旭日东升形态表示股价经过连续下挫，空头能量已释放殆尽。在空方无力再继续打压时，多方重新占据主动，股价高开高走。因此，该形态是较强的看涨买入信号。

出击买点　　旭日东升形态形成后，第二个交易日，若股价继续上涨，越过前根 K 线实体，则买点出现。

➲ 经典案例

　　如图 2-10 所示，在经过前期一波下跌走势后，2020 年 5 月 25 日，金晶科技（600586）出现了旭日东升的看涨信号。5 月 26 日，该股股价继续上涨，越过前根 K 线实体，买点出现。

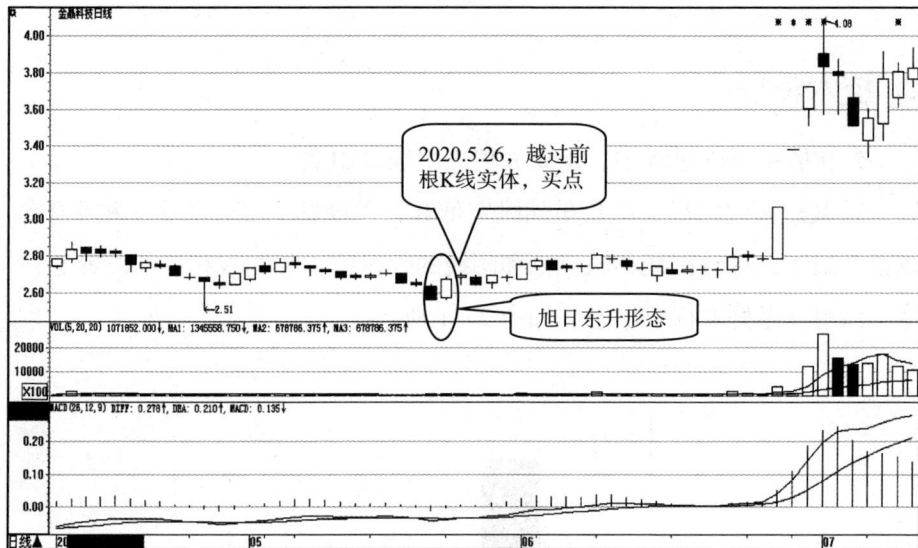

图2-10　金晶科技日K线

实战提高

　　1. 如果旭日东升形态完成后，股价再次下跌，跌破了阴线的最低点，则表示形态失败，这时投资者应该果断卖出股票。

　　2. 在旭日东升形态中，阳线高开幅度越高、收盘价比阴线开盘价高出部分越多，看涨买入信号就越强烈。

　　3. 如果阳线是放量上涨，则该形态的看涨信号更加强烈。

形态 16：好友反攻

➲ 技术特征

1. 在股价下跌过程中，出现一根大阴线或中阴线。

2. 紧跟阴线之后，股价虽然跳空低开，但随即上涨，收出一根中阳线或者大阳线，并且阳线的收盘价和阴线的收盘价在相同或相近的位置上。

该组合即好友反攻形态，如图 2-11 所示。

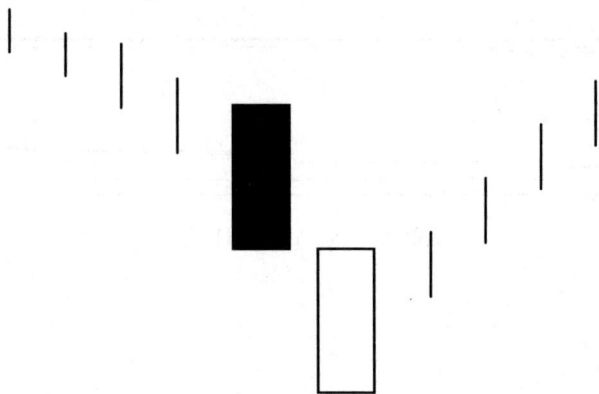

图2-11　好友反攻

好友反攻形态表示多方在开盘不利的情况下补回跳空缺口，预示着股价即将见底反弹，是看涨信号。

出击买点 ➡ 好友反攻形态出现之后，第二个交易日，若股价继续上涨并越过前根 K 线实体，则买点出现。

⊃ 经典案例

如图 2-12 所示，在经过一波短暂下跌走势之后，2020 年 3 月 10 日，金杯汽车（600609）出现了好友反攻形态，发出看涨信号。之后一个交易日，该股股价高开，并越过前根 K 线实体，买点出现。

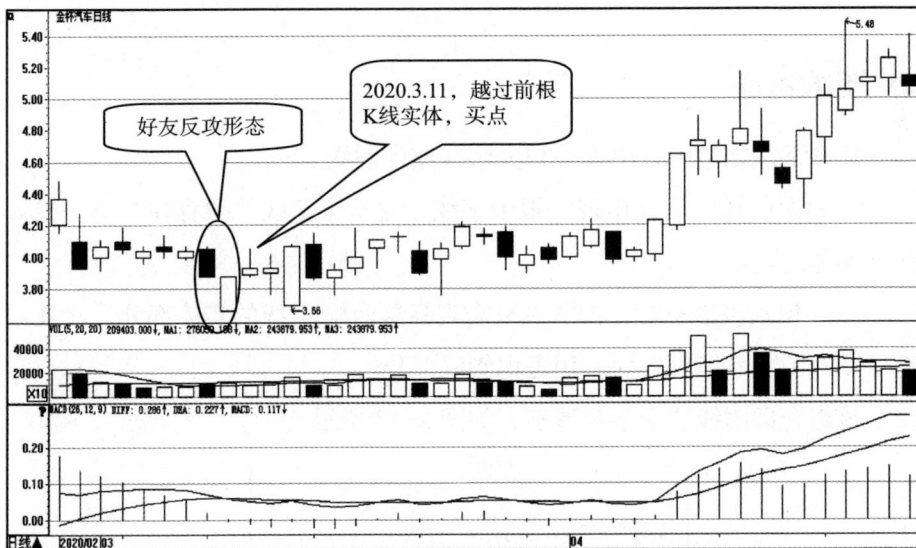

图2-12　金杯汽车日K线

实战提高

1. 在好友反攻形态中，阳线并没能深入阴线的实体部分，所以这种形态的看涨意义不如曙光初现和旭日东升形态强烈。

2. 好友反攻形态中阳线的实体部分越长，看涨信号就越强烈。

3. 如果好友反攻的阳线深入阴线的实体部分中，好友反攻形态就会演变成曙光初现形态。

形态 17：阴线孕十字线

⊃ 技术特征

1. 在下跌趋势中，出现一根大阴线或中阴线。

2. 紧跟阴线之后，出现一根十字线，这根十字线"孕育在"第一根 K 线的实体之内。

3. 在识别该形态时，投资者只需观察这两根 K 线的实体部分，看是否有"孕育"关系即可，而不用考虑影线部分。

该组合即阴线孕十字线形态，如图 2-13 所示。

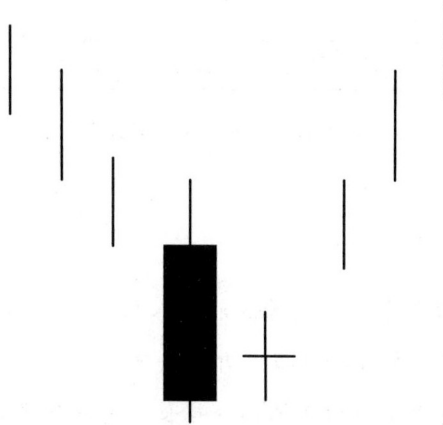

图2-13　阴线孕十字线

阴线孕十字线形态表示，在下跌趋势中，伴随着上涨动能的增强，空方开始犹疑不决，甚至不敢离开已有的阵地，行情也因此出现了反转的可能。

阴线孕十字线形态出现后，第二个交易日，若股价继续上涨并越过十字线实体，则买点出现。

➲ 经典案例

如图 2-14 所示，在经过一波下跌走势后，2019 年 11 月 18 日，尖峰集团（600668）出现阴线孕十字线形态，发出看涨信号。第二个交易日，即 11 月 19 日，股价高开高走，越过十字线的实体，买点出现。

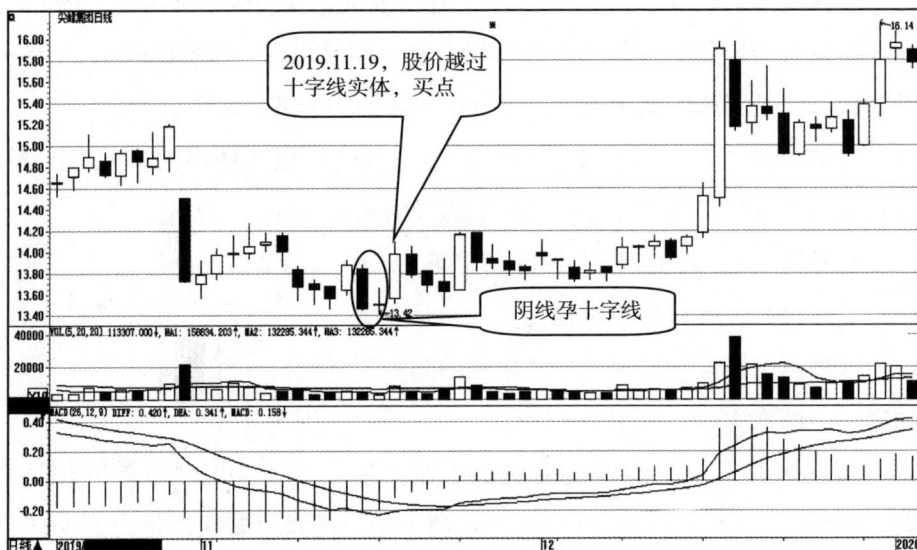

图2-14　尖峰集团日K线

实战提高

1. 在阴线孕十字线形态出现的前后，如果出现其他看涨反转形态，那么反转信号出现叠加，上涨意义就更加强烈。

2. 该形态出现时，由于市场整体上仍处下跌趋势中，成交量较少。之后，伴随着股价的上涨，成交量将逐步放大。

形态 18：多方炮

➲ 技术特征

1. 在股价下跌的尾端或者上涨行情中，首先出现一根中阳线或大阳线。

2. 紧接着阳线，股价并没有继续上涨，而是出现一根实体略小于阳线的阴线，而且阴线的实体部分完全处于阳线的实体部分之内。

3. 在阴线之后，股价走势再次转变，收出一根实体略大于阴线的阳线，而且阳线的实体部分完全包容了阴线的实体部分。

4. 该形态形成的过程中，特别是第三根阳线出现时，成交量往往放大。

这种由三根 K 线组成的"两阳夹一阴"的形态，即多方炮，如图 2-15 所示。

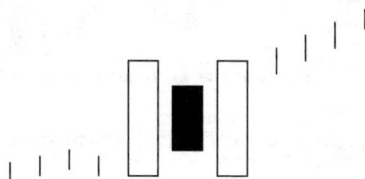

图2-15　多方炮

多方炮形态是主力常用的洗盘手法。第一根阳线出现容易使散户投资者获利了结。而紧接着阴线使形态变坏，会诱使投资者继续抛出手中筹码。当第三根阳线出现后，说明在阴线中卖出的投资者已经被主力轧空。之后，主力将开始拉升股价。

出击买点 多方炮形态出现后，第二个交易日，若股价继续上涨并越过形态第三根 K 线实体，则买点出现。

➲ 经典案例

如图 2-16 所示，在经过前期一波下跌走势之后，2020 年 7 月 31 日，诺德股份（600110）出现多方炮形态，发出看涨信号。第二个交易日，该股股价高开且继续上涨，越过多方炮形态第三根 K 线的实体，买点出现。

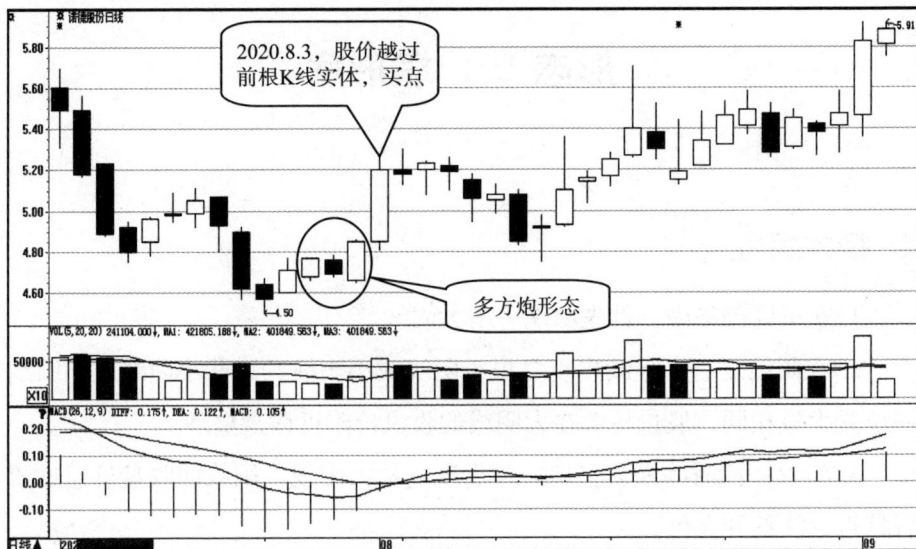

图2-16　诺德股份日K线

实战提高

1. 多方炮形态的止损位应该设定在三根 K 线的最低价位置。如果股价跌破这个位置，则形态失败，这时多方炮形态就变成了"哑炮"，股价可能持续整理甚至大幅下跌，投资者需要果断卖出股票止损。

2. 在多方炮形态中，如果阴线的成交量萎缩，表示洗盘效果明显，这时的看涨信号将大大增强。

3. 如果在多方炮出现之前股价已经上涨一段时间，则该形态只能算是短线看涨信号，中长期走势难以判断，投资者应该短线进出，这种行情并不适合中长线投资者的参与。只有那种处于底部区域的多方炮才适合中长线投资者逢低买入。

形态 19：塔形底

➲ 技术特征

1. 在下跌趋势中，首先出现一根大阴线。

2. 在阴线之后，连续出现多根小阴线或小阳线，这些小阴线或小阳线的位置大致相同，股价持续在大阴线的收盘价附近横盘整理。

3. 经过一段时间横盘整理后，出现一根大阳线，阳线的收盘价超过或者接近阴线的开盘价。

4. 大阳线出现时，一般伴随着成交量的放大。

这种由多根 K 线组成，出现在下跌趋势中，形如塔的组合，就是塔形底形态，如图 2-17 所示。

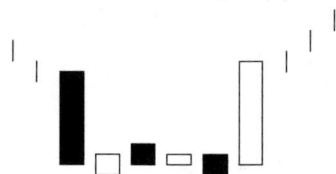

图2-17　塔形底

塔形底出现在股价下跌一段时间后，表示股价见底回升，是看涨信号。之后，若股价放量上涨，不跌回塔形底形态震荡区间，表明上涨趋势已经形成。

出击买点 ➡ 　塔形底形态形成后，第二个交易日，若股价没有跌回形态震荡区间，则构成买点。

➲ 经典案例

如图 2-18 所示，从 2018 年 10 月 11 日到 10 月 22 日，博彦科技（002649）

出现塔形底形态，发出看涨信号。10 月 23 日，该股股价虽然没有继续放量上涨，但并没有跌回塔形底形态的震荡区间，买点出现。

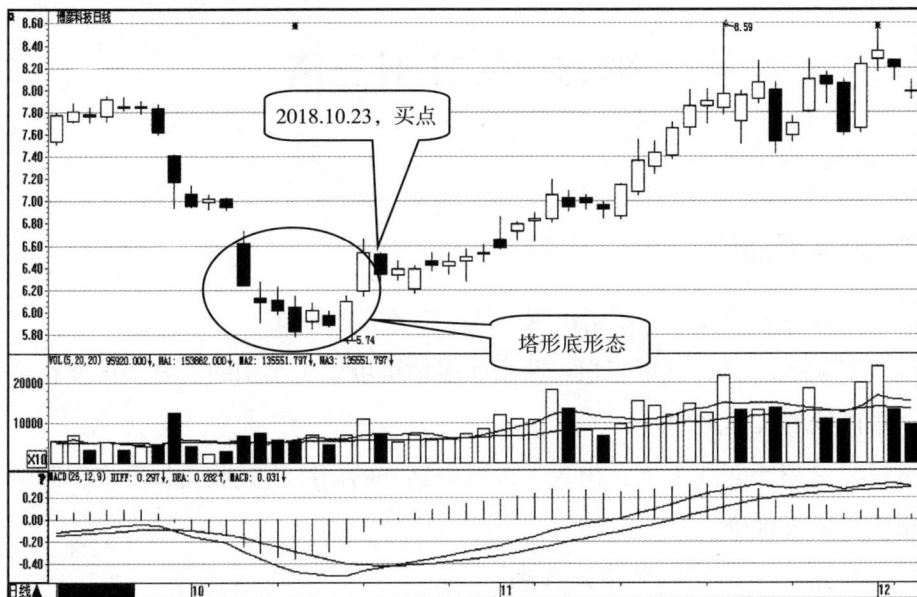

图2-18　博彦科技日K线

实战提高

1. 塔形底形态的止损位在形态最低点。如果跌破这个价位，说明反弹行情被破坏，形态失败，此时投资者需要果断卖出持股。

2. 塔形底形态的最后一根阳线，其上涨幅度越大，说明股价上涨动力越充足，这时上涨信号就越强烈。

3. 塔形底形态中的小阴小阳线越多，说明调整越彻底，之后股价上涨的动力就会越大。但是在日 K 线图中，如果股价持续调整的时间超过 10 个交易日，则表示多方可能没有足够力量推动股价上涨。这时再出现向上突破的阳线很可能是骗线，投资者需要谨慎操作，可以观察 1~2 个交易日后再决定是否买入。

形态 20：上升三法

➲ 技术特征

1. 在上涨趋势中，放量出现一根实体较长的阳线。

2. 阳线之后，出现三根（两根或多根也可以）小阴线，其实体要在第一根阳线的实体之内。

3. 三根小阴线之后，出现一根跳空高开的阳线，其收盘价要高于第一根阳线的收盘价。

4. 最后一根阳线的出现伴随着成交量的放量。

该组合即上升三法形态，如图 2-19 所示。

在上升三法形态中，第一根大阳线，表明多方牢牢掌控着局面。随后的几根小阴线，说明空

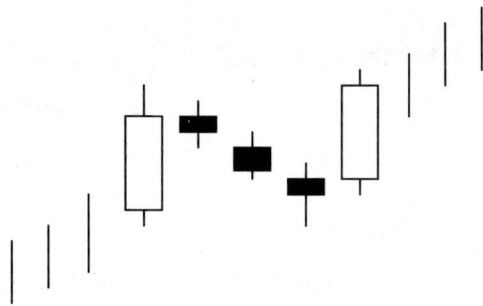

图2-19　上升三法

方发动了反击，不过这种反击的效果并不明显。最后的这根创出新高的阳线，说明多方将反击的空方一网打尽。形态中间的那几根小阴线更像是多方故意回撤、诱敌深入而布置的一次诱空陷阱。因此上升三法形态往往预示着行情仍可看高一线，属于上涨持续形态。

出击买点　　上升三法形态出现后，第二个交易日，若股价没有跌破前根 K 线最低价，则买点出现。

⊃ 经典案例

如图 2-20 所示，从 2019 年 8 月 19 日至 9 月 2 日，海通证券（600837）出现上升三法形态。8 月 19 日，股价放量上涨，形成一根大阳线。随后九个交易日，该股缩量阴跌，形成多根小阴小阳线和十字星。9 月 2 日，股价再次放量上涨，突破 8 月 19 日大阳线的最高点，形成上升三法形态。它表明上涨动能依然占据优势，市场仍将延续之前的上涨行情。9 月 3 日，股价没有跌破前根 K 线最低点，买点出现。

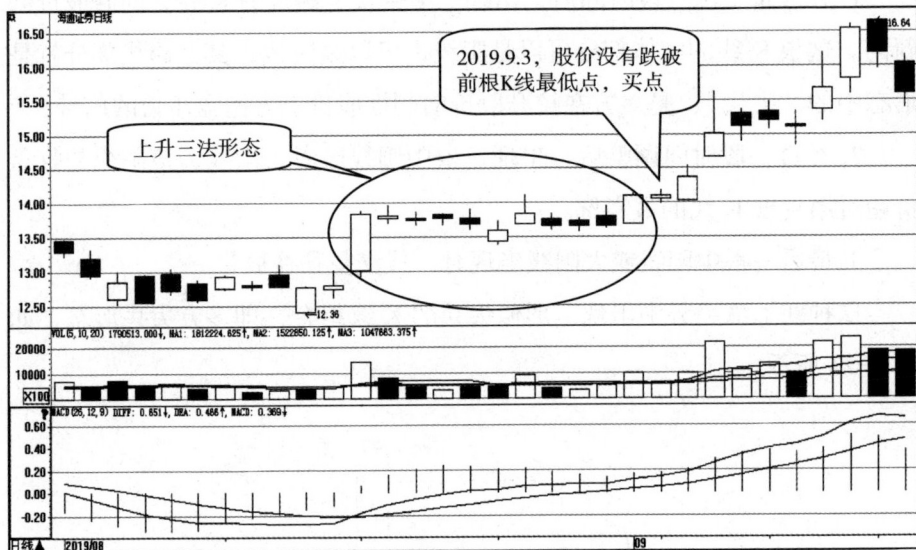

图2-20　海通证券日K线

实战提高

1. 该形态第一根和最后一根蜡烛线的成交量，超过了中间这些小实体 K 线的成交量，会增加形态的信号强度。

2. 最后一根 K 线如果是一根非常强劲的 K 线，那么也将增加整体形态的信号强度。

43

形态 21： 多方尖兵

➲ 技术特征

1. 在股价上涨一段时间后，出现一根带长上影线的 K 线，同时股价创新高。这根 K 线的实体部分可以是阳线也可以是阴线，其上影线部分就是形态中的"尖兵"，是多方在拉升股价前刺探股价上方抛盘压力的信号。

2. 经过一段时间调整后，出现一根中阳线或者大阳线，该阳线的收盘价超过第一根 K 线的最高价。

3. 最后一根中阳线或大阳线出现时，成交量往往放量。

这种在上涨趋势中出现，形似尖兵的 K 线组合，即多方尖兵形态，如图 2-21 所示。

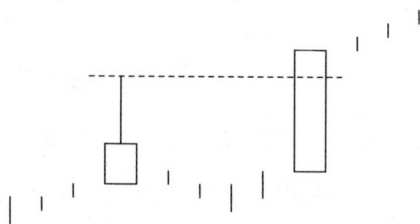

图2-21　多方尖兵

多方尖兵形态表示多方在了解到上方抛盘压力后有足够信心，开始向上拉升股价，是买进信号。在该形态出现后，股价往往有较大上涨空间。

出击买点　　多方尖兵形态出现后，第二个交易日，只要股价不跌破形态第一根 K 线最高价，则买点出现。

⊃ 经典案例

如图 2-22 所示，在经过连续几天的持续上涨之后，从 2020 年 6 月 3 日至 6 月 18 日，鹏博士（600804）出现多方尖兵形态，发出看涨信号。第二个交易日，即 6 月 19 日，该股股价高开低走，但没有跌破多方尖兵形态第一根 K 线的最高价，买点出现。

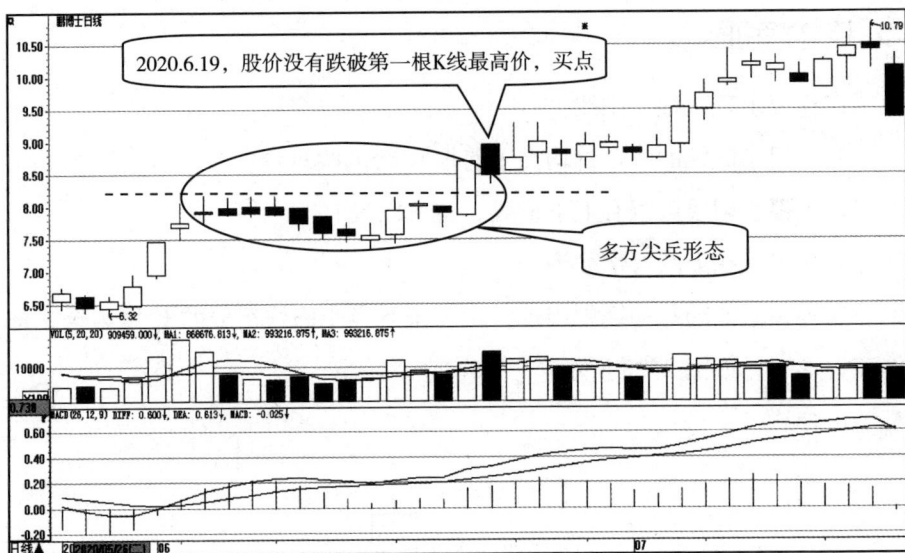

图2-22　鹏博士日K线

实战提高

1. 该形态的前提是股价处于上涨趋势中。

2. 在多方尖兵形态中，有时可能出现多根带长上影线的 K 线，这表示多方不止一次地试探股价上方压力。试探次数越多，则该形态的看涨信号就越强烈。

3. 在第一根 K 线的尖兵出现后，走势如果呈现出横行整理的态势，往往预示着股价的大幅上涨。

形态 22：红三兵

➲ 技术特征

1. 连续出现三根小阳线。

2. 三根小阳线的收盘价均高于前根 K 线的收盘价。

3. 三根小阳线可以有上下影线，也可以没有。

4. 多出现在上涨行情初期。

这种在上涨趋势初期中出现，由三根红色小阳线组成的 K 线组合，即红三兵形态，如图 2-23 所示。

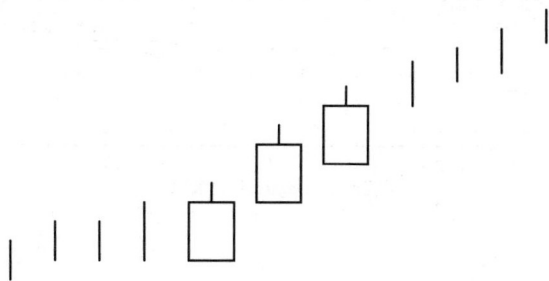

图2-23　红三兵

红三兵形态出现在上涨行情中，表明股价在稳健的上升之中，多方力量还没有充分的释放，后市有较大的可能仍将延续这三根阳线的趋势方向，继续上涨。

出击买点　　红三兵形态出现后，第二个交易日，若股价继续上涨并越过第三根小阳线实体，则买点出现。

➲ 经典案例

　　如图 2-24 所示，从 2019 年 2 月初，天房发展（600322）出现红三兵形态，发出看涨信号。第二个交易日，即 2 月 13 日，该股股价跳空上涨，越过红三兵形态第三根蜡烛的实体，验证了前一个交易日信号的可靠性，买点出现。

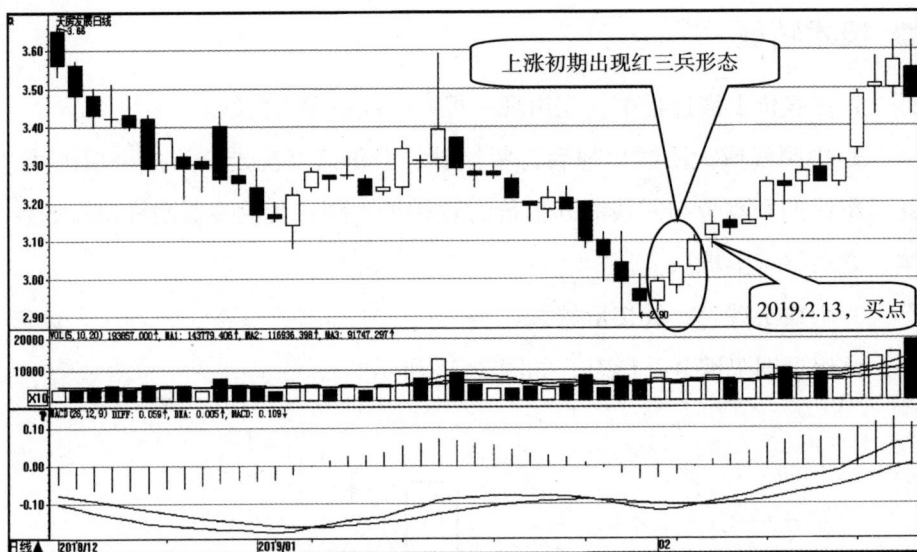

图2-24　天房发展日K线

实战提高

　　1. 投资者可以将止损价位设定在第一根小阳线的最低点。如果股价跌破这个价位，说明形态失败，这时投资者需要果断卖出股票。

　　2. 如果在三根小阳线出现的同时成交量能同步放大，说明有新的资金持续进入，形态的看涨指示作用更强。

　　3. 红三兵形态中三根小阳线的上涨幅度越大，看涨信号就越强烈。如果是跳空上涨，则该形态对上涨的指示作用会大大增强。

形态 23：上涨分手

➲ 技术特征

1. 在股价上涨过程中，先出现一根中阴线或者大阴线。

2. 中阴线或大阴线出现后，紧接着，股价高开高走，形成一根阳线，并且阳线的开盘价与阴线的开盘价大致相等，刚开盘就挽回阴线位置的跌幅，之后继续上涨。

3. 阳线出现时，成交量放大。

该组合即上涨分手形态，如图 2-25 所示。

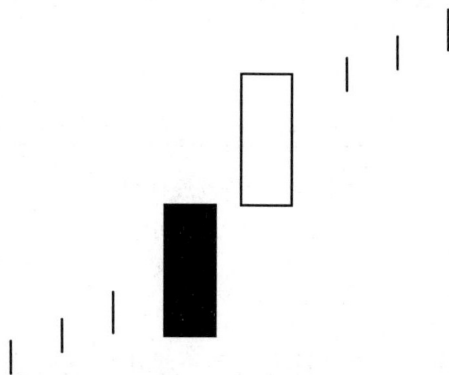

图2-25　上涨分手

上涨分手形态表示市场强势不改，此前上升趋势仍将继续。

出击买点 ➤　　　上涨分手形态形成后，第二个交易日，若股价不跌破前根 K 线开盘价，则买点出现。

➲ 经典案例

如图 2-26 所示，在经过前期一波上涨之后，从 2020 年 7 月初开始，三友化工（600409）开始缓缓平移，但股价仍在 30 日均线上方，表明市场整体上仍处于上涨趋势中。7 月 20 日，K 线出现上涨分手形态，发出看涨信号。第二个交易日，股价继续上涨，买点出现。

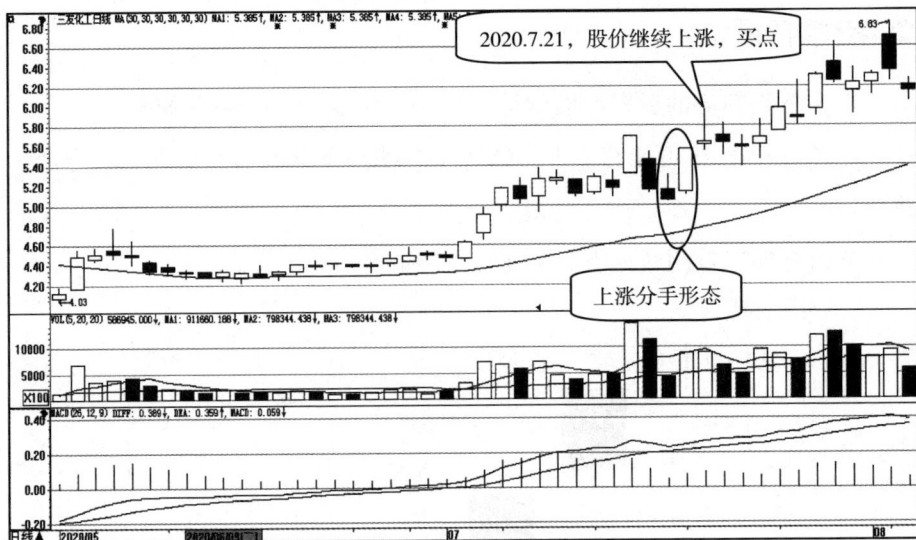

图2-26　三友化工日K线

实战提高

1. 上涨分手形态出现前必须有一段明显的上升趋势，无论这段上升趋势是长或短，只有在这种上涨趋势中，出现该形态才是有效的看涨信号。

2. 阴线和阳线的实体部分越长，则该形态的看涨信号越强烈。

3. 上涨分手形态的止损位应该设定在阴线的最低价上。如果股价跌破阴线的最低价，则上涨分手形态失败，股价走势可能会转变，这时投资者应该果断卖出股票。

形态 24：三空阴线

➲ 技术特征

1. 在下跌趋势的后期，股价连续出现三根跳空低开下跌的阴线。

2. 这三根 K 线可能有上下影线，虽然跳空下跌开盘，但并不一定产生缺口。

该组合即三空阴线形态，如图 2-27 所示。

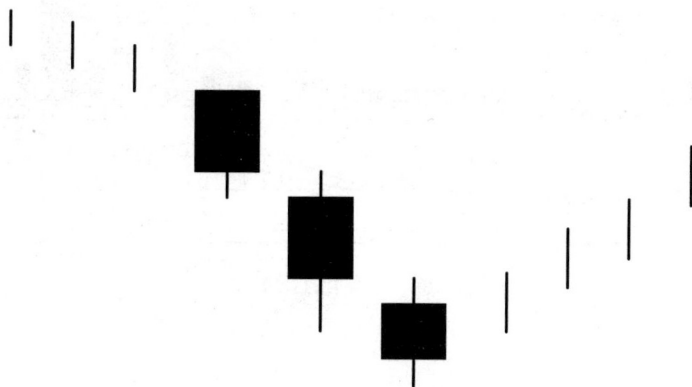

图2-27　三空阴线

三空阴线一旦出现，往往表示空方正在进行最后一搏，多方反攻在即，股价上涨的可能性较大，因此这个形态属于看涨信号。

出击买点 　三空阴线形态出现之后，第二个交易日，若股价越过前根 K 线开盘价，则买点出现。

➲ 经典案例

如图 2-28 所示，2020 年 8 月 5 日至 8 月 7 日，广安爱众（600979）出现三空阴线形态，发出看涨信号。第二个交易日，即 8 月 10 日，该股股价放量上涨，越过前根 K 线收盘价，且与前根 K 线形成看涨吞没形态，买点出现。

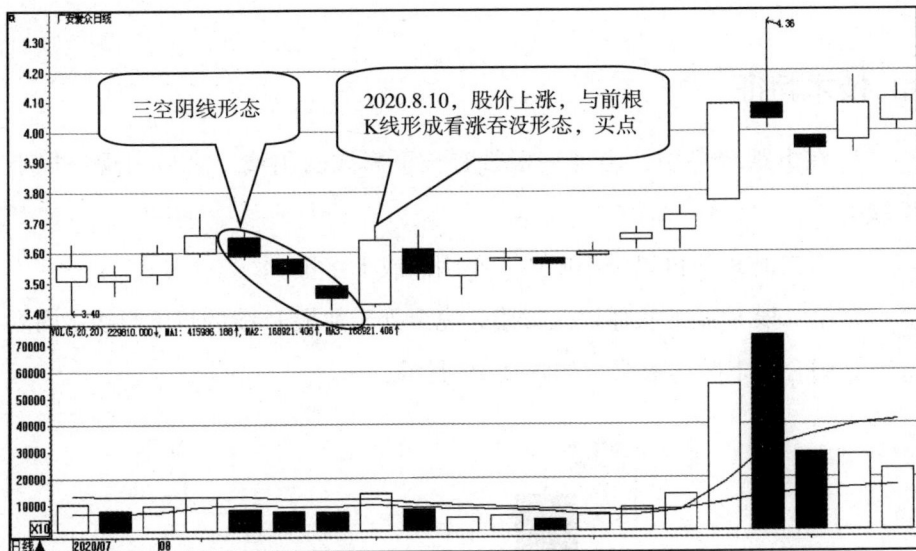

图2-28　广安爱众日K线

实战提高

1. 如果三空阴线后股价能很快弥补第三根阴线跳空开盘的跌幅，则形态的看涨信号大大加强，此时往往形成看涨吞没的反转形态，投资者要注意把握。

2. 如果在形态形成后股价继续下跌，则形态失败。这时，依此形态买入股票的投资者应该尽快卖出股票。

3. 三根阴线的下影线越长，特别是第三根阴线的下影线越长，则该形态的看涨信号越强烈。

形态 25：下跌尽头线

➲ 技术特征

1. 在下跌趋势中，出现一根带有长下影线的阴线，之后出现一根小 K 线。

2. 第二根 K 线可以是小阳线、小阴线或十字星。

3. 第二根 K 线的实体以及影线，完全处于前根 K 线的长下影线之内。该组合即下跌尽头线，如图 2-29 所示。

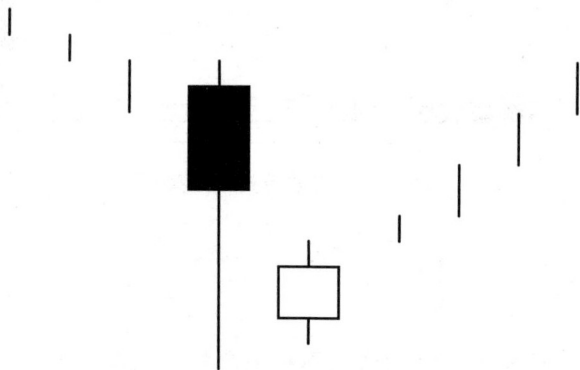

图2-29　下跌尽头线

下跌尽头线表示股价经过一段时间下跌后，多方力量开始反击。股价在短期内不仅不会继续下跌，而且有上涨的可能。

出击买点 ➡ 下跌尽头线出现后，第二个交易日，若股价继续上涨，越过前根 K 线实体，则买点出现。

⊃ 经典案例

如图 2-30 所示，在经过一波下跌之后，2020 年 5 月 22 日至 5 月 25 日，日播时尚（603196）出现下跌尽头线形态，发出看涨信号。5 月 26 日，该股股价继续上涨，越过前根 K 线实体，买点出现。

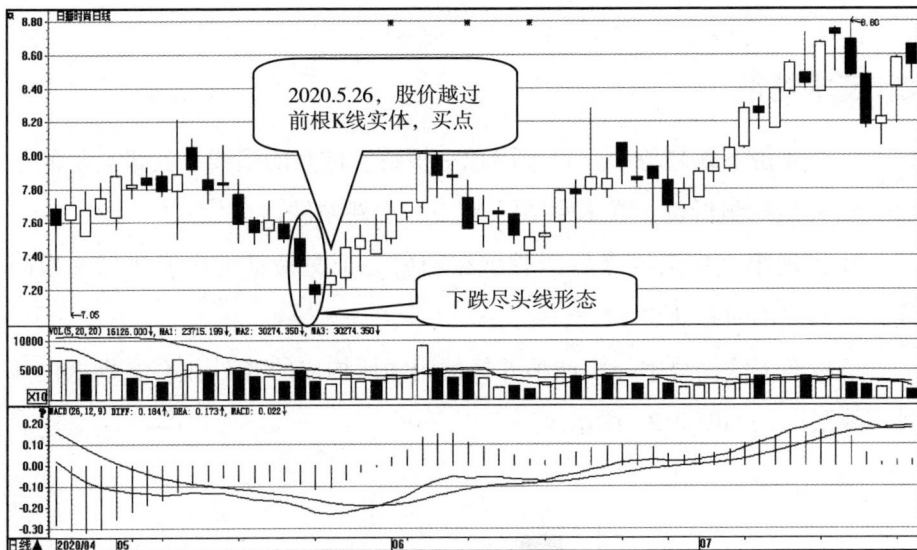

图2-30　日播时尚日K线

实战提高

1. 下跌尽头线形态中，第一根 K 线的下影线越长，则反转信号就越强烈。第二根 K 线基本没有限制，一般认为这根 K 线的实体部分越短，则行情反转的信号越强烈，小十字线所发出的反转信号强度要超过小阳线或小阴线。

2. 投资者按照下跌尽头线的信号买入股票后，可以将止损位设定在阴线下影线的低端。如果股价跌破这个价位，说明多方对股价的支撑无效，形态失败，此时投资者应该尽快卖出股票。

3. 如果在下跌尽头线出现的同时成交量放大，则该形态的看涨信号更强烈。

形态 26：低位并排阳线

➲ 技术特征

1. 在股价下跌趋势中，首先出现一根跳空低开的阳线，其最高价低于前一根 K 线的最低价，在 K 线图上留下一个跳空缺口。

2. 出现第一根阳线之后，股价在随后一个交易日再次形成另一根阳线，该阳线不回补缺口。

这种在下跌趋势中，由两根并排的阳线所构成的 K 线组合，即低位并排阳线形态，如图 2-31 所示。

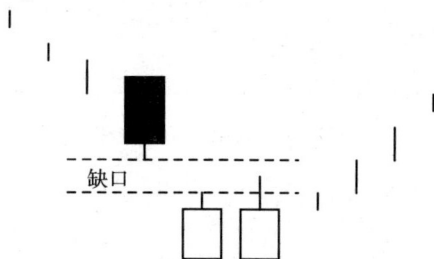

图2-31　低位并排阳线

低位并排阳线表示，虽然空方力量仍然强大，但多方已经开始反击，是股价获得支撑即将见底的信号。

出击买点 ➡ 低位并排阳线出现后，接下来的几个交易日，若股价继续上涨，越过该形态第一根 K 线的缺口，则买点出现。

➲ 经典案例

　　如图 2-32 所示，经过短期剧烈下跌之后，2020 年 2 月 5 日，小康股份（601127）出现低位并排阳线形态，发出看涨信号。第二个交易日，即 2 月 6 日，股价继续上涨但没有回补缺口，投资者可以继续等待;2 月 7 日，股价高开回补缺口，买点出现。

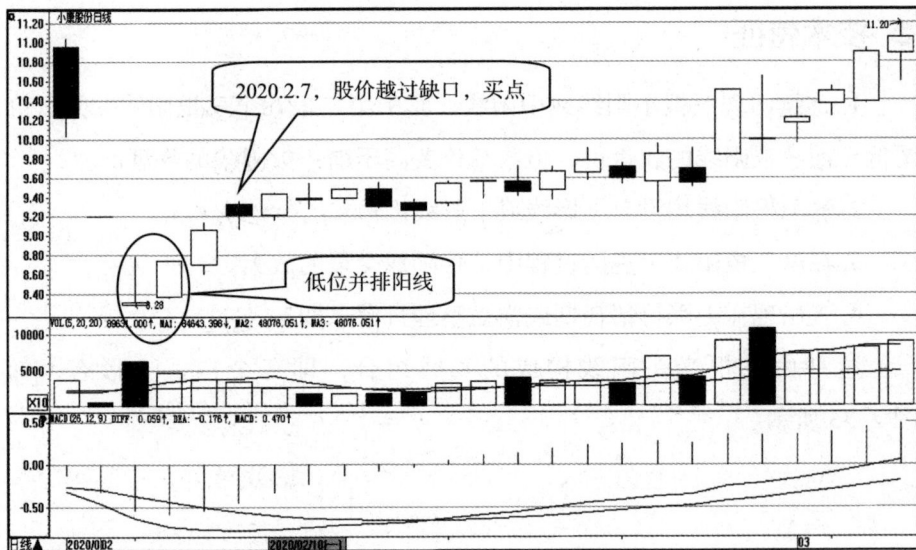

图2-32　小康股份日K线

实战提高

　　1. 低位并排阳线的止损位应该设定在两根阳线的最低价。如果股价跌破这个价位，表示多方无力继续支撑股价，反击失败,这时按照此形态买入股票的投资者需要将股票卖出止损。

　　2. 如果在出现低位并排阳线的同时成交量也逐渐放大，则表示多方支撑有力，看涨信号的可信度大大增加。

　　3. 如果该形态第二根阳线的上影线已经弥补第一根阳线的跳空缺口，则表示多方力量强劲，这时投资者可以尽快买入股票。

形态 27：三个白武士

➲ 技术特征

1. 连续出现三根小阳线或中阳线，其中第二根和第三根阳线的开盘价要低于前一根阳线的收盘价，但收盘价要高于前一根阳线的收盘价。

2. 这三根阳线均没有上影线或上影线极短。

3. 在这三根阳线出现的过程中，伴随成交量的放大。

4. 多出现在上涨行情初期或横盘整理行情末期。

这种由三根光头阳线构成的 K 线组合，即三个白武士形态，如图 2-33 所示。

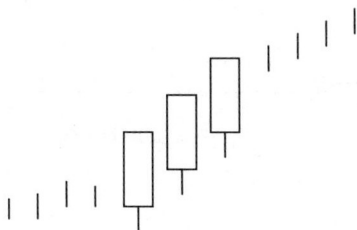

图2-33　三个白武士

股价连续低开高走，并以全天最高价收盘，表示虽然空方仍在抵抗，但多方更加强势，上涨动能还没有充分释放，股价接下来有较大可能仍将延续原来的上涨行情。因此，三个白武士形态是看涨信号。

出击买点　　三个白武士出现之后，第二个交易日，若股价继续上涨，越过前根 K 线实体，则买点出现。

➲ 经典案例

　　如图 2-34 所示，在经过前期缓缓上涨之后，从 2020 年 4 月 30 日至 5 月 7 日，重庆啤酒（600132）持续上涨，形成三个白武士形态，发出看涨信号。5 月 8 日，该股继续上涨，越过前根 K 线实体，买点出现。

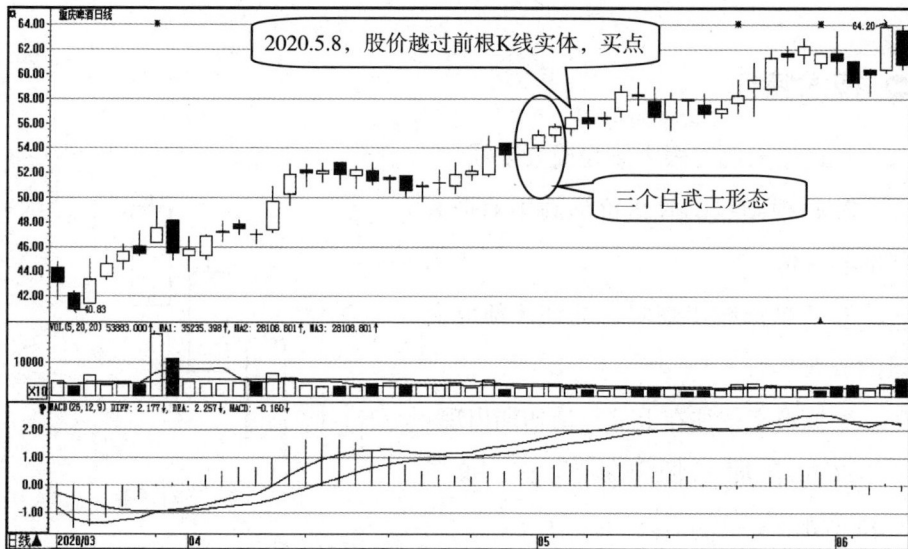

图2-34　重庆啤酒日K线

实战提高

　　1. 三个白武士形态的止损位在第一根阳线的最低点上。如果股价跌破这个价位，表示行情转弱，空方重新夺回主动，投资者应该果断卖出股票。

　　2. 如果三根阳线的实体长度依次变大，则表示多方力量逐渐变强，看涨信号强度将大大提高。

　　3. 如果三根阳线有较长上影线，则表示空方反攻的力量还很强，这样的 K 线组合并不构成三个白武士形态。

　　4. 三个白武士与红三兵形态的差别仅仅在于，一个是"武士"，一个是"兵"，也即前者上涨动能更强一些。

形态 28：三阳开泰

➲ 技术特征

1. 连续出现三根中阳线或大阳线。

2. 每根阳线的收盘价均高于前根 K 线的收盘价。

3. 三根阳线出现时，往往伴随成交量的放大。

4. 该形态往往在上涨行情初期出现。

该组合即三阳开泰形态，如图 2-35 所示。

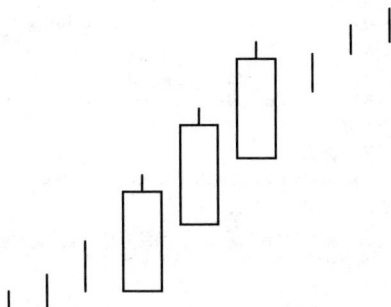

图2-35　三阳开泰

在股价上涨行情初期，出现三阳开泰形态，表示多方能量在短时间内快速爆发，稳中有升并连拉三根中阳线或大阳线，出现加速上涨趋势，显示多方力量的强大，该形态预示着股价将加速上涨。

出击买点 　三阳开泰形态出现后，第二个交易日，若股价继续上涨越过前根 K 线实体，则买点出现。

➲ 经典案例

如图 2-36 所示，2020 年 3 月下旬开始，一心堂（002727）开始止跌回升。2020 年 3 月 23 日至 3 月 25 日，该股连续放量上涨，形成三阳开泰形态，发出看涨信号。3 月 26 日，该股继续上涨，越过前根 K 线实体，买点出现。

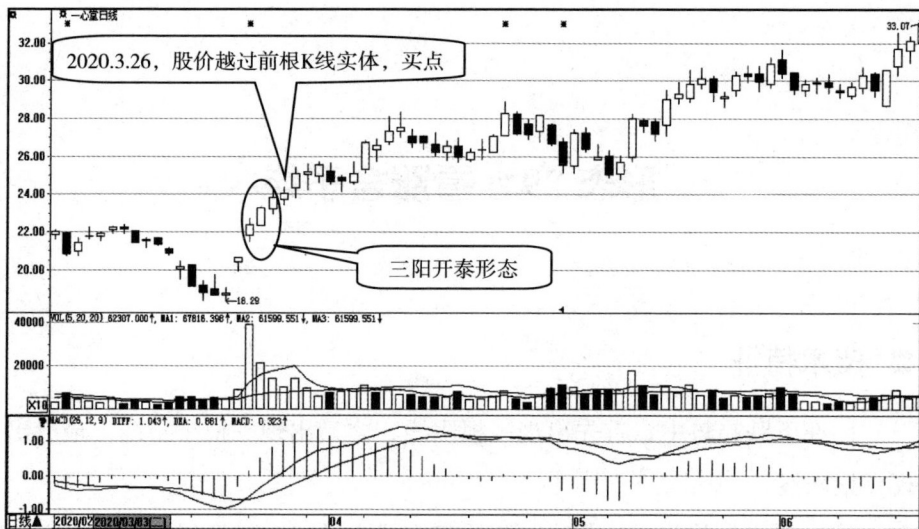

图2-36　一心堂日K线

实战提高

1. 三阳开泰形态的止损位在第一根阳线的最低端。一旦股价跌破这个位置，说明空方重新占据主动，股价很可能掉头下跌或者继续调整，这时投资者应该卖出股票，冷静观望。

2. 在三阳开泰形态中，如果三根阳线的实体长度依次增加，说明多方强势，看涨信号强烈。相反，如果三根阳线实体长度依次变短，表示上涨受阻，多方力量逐渐衰竭，是行情走弱的信号。

3. 三阳开泰形态中，三根 K 线的上影线长度越短，特别是第三根阳线的上影线长度越短，看涨信号就越强烈。如果三根阳线均为光头阳线，则称为强势型三阳开泰形态。

4. 红三兵、三个白武士和三阳开泰形态十分相似，都是在低位时连续出现三根阳线，预示着后市股价可能见底回升，但这三者的实战意义有所不同。在实战中，红三兵出现的频率最高，但看涨信号强度最弱；三个白武士次之；三阳开泰出现的频率较低，但看涨信号强度是这三个形态中最强的。

形态 29：看涨舍子线

➲ 技术特征

1. 在下跌趋势中，首先出现一根阴线，之后出现一根十字线，最后出现一根阳线。

2. 十字线与其前后的阴线、阳线都有跳空缺口，且阳线的向上跳空缺口弥补十字线的向下跳空缺口。

这种在下跌趋势中出现的 K 线组合即看涨舍子线，如图 2-37 所示。

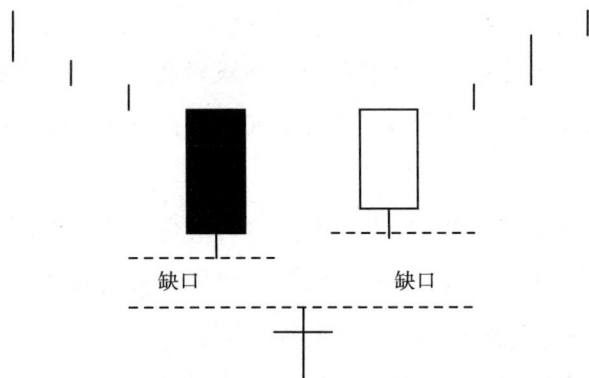

图2-37　看涨舍子线

看涨舍子线是比启明之星更强烈的看涨信号。它表明在下跌趋势中，经过多空僵持，多方已经占据优势，股价即将出现一波上涨走势。

出击买点 　看涨舍子线出现后，第二个交易日，若股价不跌回前根 K 线与十字线的缺口，则买点出现。

⊃ 经典案例

如图 2-38 所示，在经过前期下跌之后，从 2020 年 3 月 12 日到 3 月 16 日，中国医药（600056）出现看涨舍子线形态，发出看涨信号。第二个交易日，即 3 月 17 日，该股股价跳空高开，买点出现。

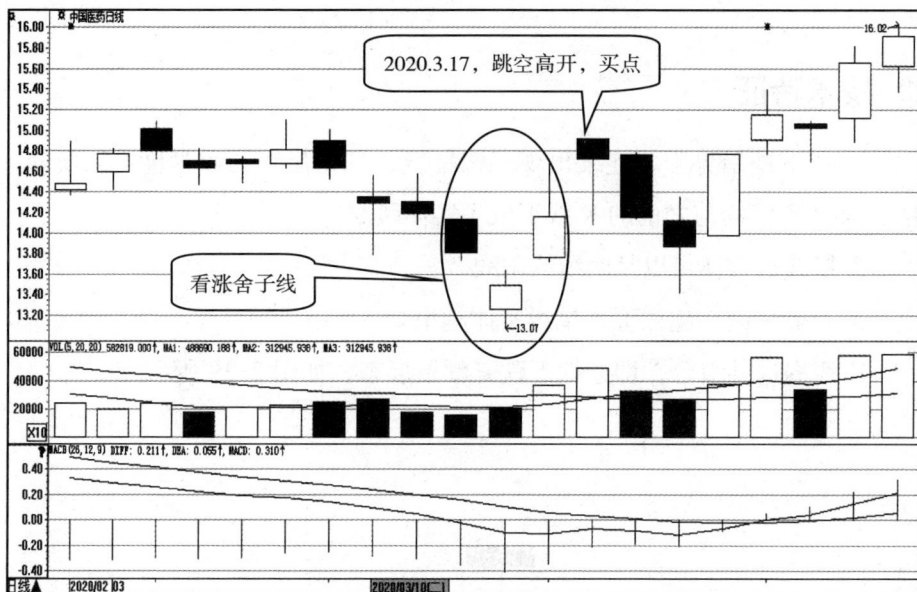

图2-38　中国医药日K线

实战提高

1. 按照看涨舍子线的信号买入股票后，投资者可以将止损位设定在星线的底端。如果未来股价跌破这个价位，说明形态失败，投资者应该将手中的股票卖出。

2. 该形态比较罕见，但是一旦出现，股价将出现十分强势的反转。

3. 在该形态中，跳空缺口越大，则上涨反转意义就越强烈。

形态 30：连续下跌三颗星

⊃ 技术特征

1. 在下跌趋势中，连续出现三根星线，三根星线的收盘价连创新低，且后两根 K 线均与之前的 K 线形成了实体跳空。

2. 星线的实体可以是阴线或阳线。

3. 一般来说，越往下，星线实体越小。

K 线的这种组合，即连续下跌三颗星形态，如图 2-39 所示。

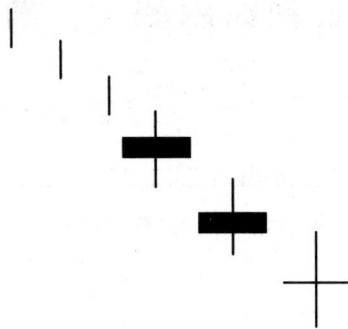

图2-39　连续下跌三颗星

连续下跌三颗星表明，在下跌走势仍然延续的过程中，下跌动能逐步削弱，上涨动能正在逐步积聚，在经过多空双方的僵持之后，多方占据优势，股价有较大可能出现一波上涨走势。

出击买点　　连续下跌三颗星出现之后，第二个交易日，若股价继续上涨，越过前根 K 线实体，则买点出现。

➲ 经典案例

　　如图 2-40 所示，在经过前期加速下跌并逐渐企稳之后，从 2016 年 7 月 28 日至 8 月 1 日，大连圣亚（600593）出现连续下跌三颗星形态，发出看涨信号。8 月 2 日，股价出现一根小阳线；8 月 3 日继续上涨，越过 8 月 1 日 K 线实体，买点出现。

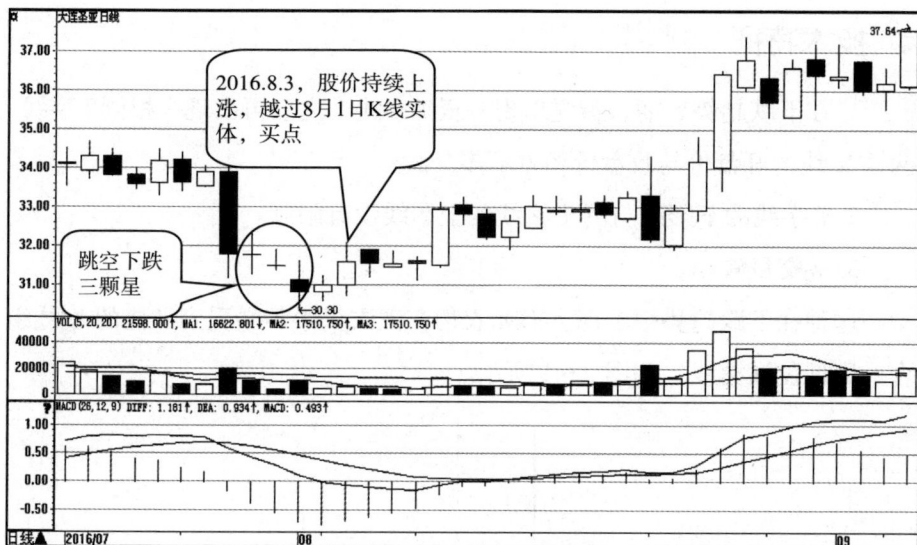

图2-40　大连圣亚日K线

实战提高

　　1. 投资者买入之后，可以将下跌三颗星最后一根星线的最低价当作止损位，一旦股价跌破该价位，就可以马上卖出。

　　2. 该形态中，星线的影线越长，实体越短，看涨意义就越强烈。

　　3. 该形态最后一根星线与其后 K 线组合在一起，往往形成看涨吞没、启明之星等形态，这就更增加了看涨意义的可靠性，投资者要注意把握这一点。

形态 31： 低位揉搓线

⮑ 技术特征

1. 在下跌趋势后期，首先出现一根T字线，之后再出现一根倒T字线，两根K线的开盘价与收盘价相差不多。

2. T字线的下影线与倒T字线的上影线没有限制。

3. 成交量较小。

这种在下跌趋势中出现，形如衣物在洗衣机中不断受到揉搓的K线组合，即低位揉搓线，如图 2-41 所示。

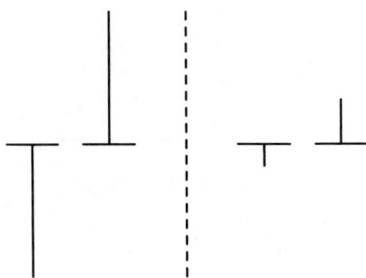

图2-41　低位揉搓线

低位揉搓线出现在一段下跌行情之后，表示空方力量衰竭，多方力量增强，双方陷入僵持。之后伴随着上涨动能的进一步增强，股价将冲破僵持阶段，出现一波上涨走势。

出击买点 → 低位揉搓线出现之后，第二个交易日，若股价继续上涨，越过前根K线实体，则买点出现。

⊃ 经典案例

　　如图 2-42 所示，在经过一波下跌走势后，2020 年 3 月 31 日，大族激光（002008）出现低位揉搓线形态，发出看涨信号。第二个交易日，即 4 月 1 日，该股股价继续上涨，越过前根 K 线实体，买点出现。

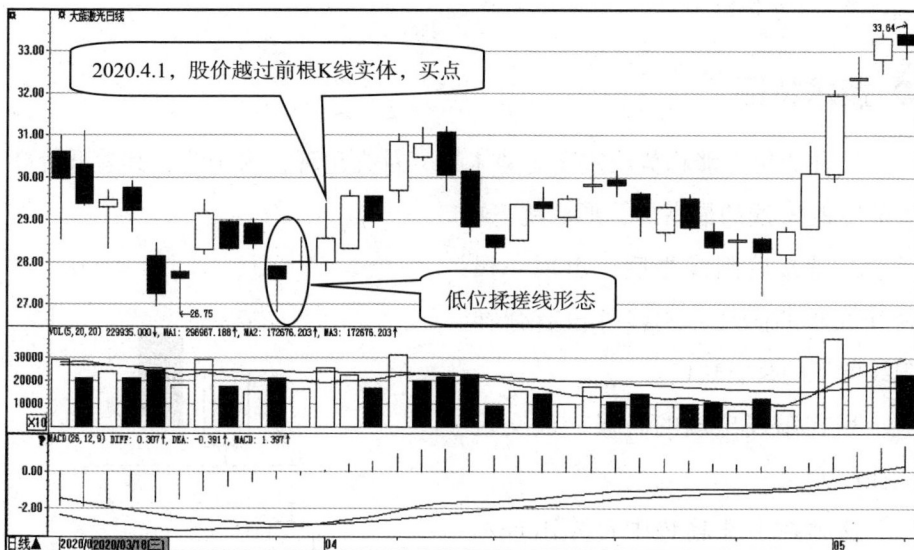

图2-42　大族激光日K线

实战提高

　　1. 投资者买入之后，可将止损价放在低位揉搓线的最低点。一旦之后的走势跌破这个价位，就表明空方重新占据优势，投资者要注意及时出场。

　　2. 低位揉搓线的影线越长，上涨动能就越强烈。

　　3. 如果出现揉搓线的同时成交量放大，则表示多空双方争夺激烈，该形态的反转信号更加强烈。

形态 32：升势鹤鸦缺口

➲ 技术特征

1. 在股价上涨趋势或震荡走势末期，首先出现一根阳线，其最低价高于前一根 K 线的最高价，形成跳空缺口。

2. 紧接着阳线之后，出现一根高开低收的阴线，阴线并没有弥补阳线留下的跳空缺口。

3. 在阳线出现的时候，成交量往往放大。

这种在上涨趋势中首先出现一根跳空上涨的阳线"仙鹤"，之后紧接着出现一根阴线"乌鸦"的 K线组合，即升势鹤鸦缺口形态，如图 2-43 所示。

图2-43　升势鹤鸦缺口

升势鹤鸦缺口形态中，阴线的下跌相当于对阳线跳空缺口的确认。虽然两根 K 线形成类似乌云盖顶的形态，但这更可能是主力在拉升股票前进行的洗盘。因此，升势鹤鸦缺口是看涨信号。

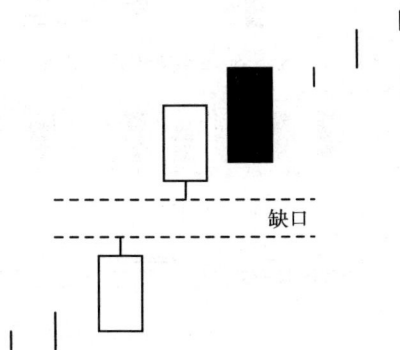

出击买点 ➤ 升势鹤鸦缺口出现后，第二个交易日，若股价仍不回补缺口，则买点出现。

⊃ 经典案例

如图 2-44 所示，经过前期震荡之后，从 2020 年 5 月 15 日至 5 月 19 日，中金黄金（600489）出现升势鹤鸦缺口形态，期间明显放量，发出看涨信号。5 月 20 日，该股继续上涨，没有跌破形态缺口，买点出现。

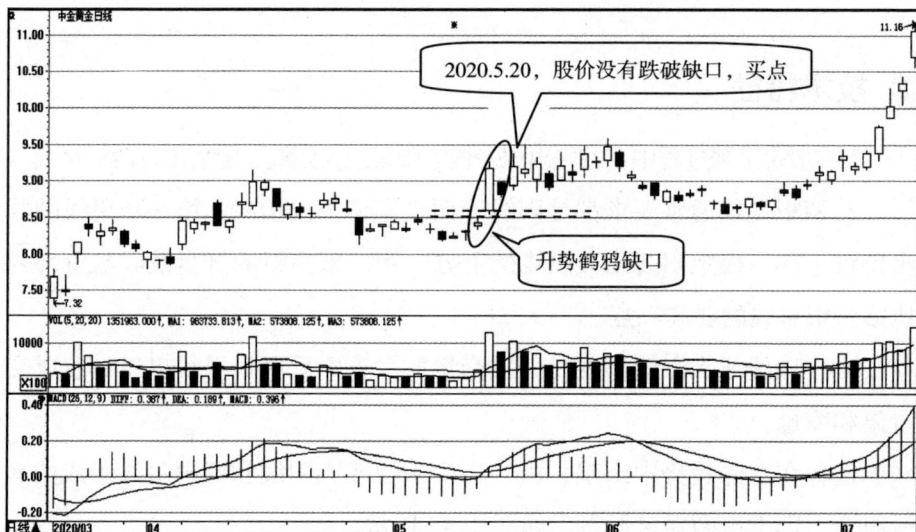

图2-44　中金黄金日K线

实战提高

1. 投资者买入之后，可以将止损位放在缺口的下方。一旦之后的走势跌破缺口下方，就表明缺口的支撑作用已经失去，投资者要注意及时卖出。

2. 阴线相当于主力拉升股票前的洗盘。如果这根 K 线的成交量萎缩，说明跟风卖出股票的投资者很少。此时主力已经没有必要继续洗盘，之后股价的上涨空间将会更大。

3. 在升势鹤鸦缺口出现后股价可能持续调整，但只要股价不向下弥补阳线的跳空缺口，投资者就可以一直持有股票，等待上涨。

形态 33：上涨两颗星

● 技术特征

1.在股价上涨过程中，首先出现一根中阳线或大阳线，随后出现两根星线。

2. 两根星线通常要求都是阳线，而且实体依次抬高。第一颗星线的收盘价收于前一根中阳线或大阳线的上方，第二根星线的开盘及收盘价都要比第一根星线的要高一点。

3. 中阳线或大阳线出现时，成交量放大；之后两根星线出现时，成交量温和缩量。

这种在上涨趋势中出现，由一根中阳线或大阳线和两根星线组成的 K 线组合，即上涨两颗星形态，如图 2-45 所示。

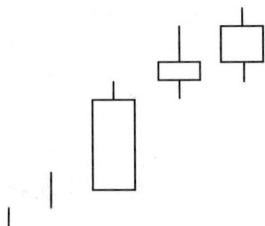

图2-45　上涨两颗星

上涨两颗星形态表明上涨动能依然强劲，股价在经过两根星线的缩量整理过程后，将再次向上，出现一波上涨走势。

出击买点　上涨两颗星出现后，第二个交易日，若股价继续上涨，越过前根 K 线实体，则买点出现。

● 经典案例

如图 2-46 所示，从 2020 年 3 月下旬开始，五粮液（000858）开始止跌回升。从 3 月 24 日到 3 月 26 日，K 线出现上涨两颗星形态，发出看涨信号。第二个交易日，即 3 月 27 日，该股股价跳空高开，继续上涨，越过前根 K 线实体，买点出现。

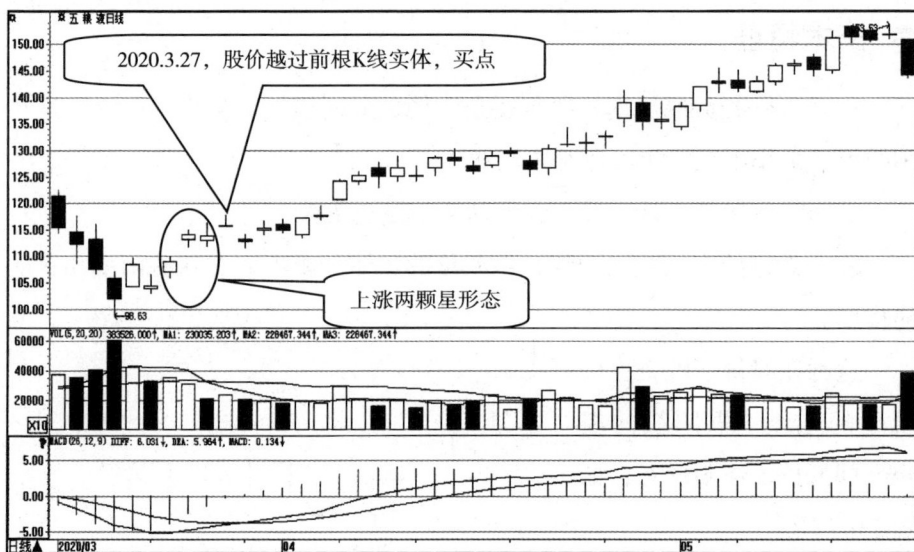

图2-46　五粮液日K线

实战提高

1. 投资者买入之后，可以将上涨两颗星的最低价当作止损价位。之后的走势一旦跌破该价位，就表明下跌动能强劲，投资者要注意及时出场。

2. 该形态成立的前提是股价上涨趋势的确立。投资者在实战中，要注意利用趋势型分析工具来判断上涨趋势是否已经彻底形成。

形态 34： 低档 5 连阳

➲ 技术特征

1. 在下跌趋势的后期，股价逐渐企稳，此时连续出现多根阳线，这些阳线可以是小阳线，也可以是中阳线。

2. 阳线数量最少是 5 根，也可以是 6 根或 7 根。

3. 虽然连续多天收出阳线，但股价的整体涨幅不大，这些阳线几乎横向排列。

这种在股价下跌企稳后出现的连续 5 根阳线的组合，即低档 5 连阳形态，如图 2-47 所示。

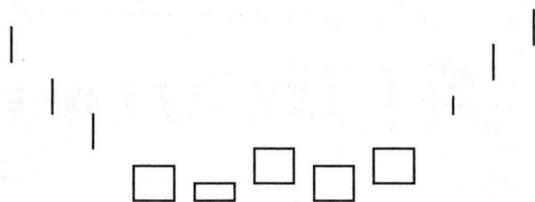

图2-47　低档 5 连阳

低档 5 连阳形态表示多方力量正在底部聚集，即将推动股价上涨，是看涨信号。

出击买点　　低档 5 连阳形态出现后，接下来几个交易日，若股价能够越过该形态的最高点，则买点出现。

➲ 经典案例

如图 2-48 所示，在经过一波震荡走势并逐渐企稳之后，从 2019 年 12 月 23 日至 12 月 27 日，东方雨虹（002271）出现了低档 5 连阳形态，发出看涨信号。第二个交易日，即 12 月 30 日，股价继续上涨，越过低档

5 连阳形态的最高点，买点出现。

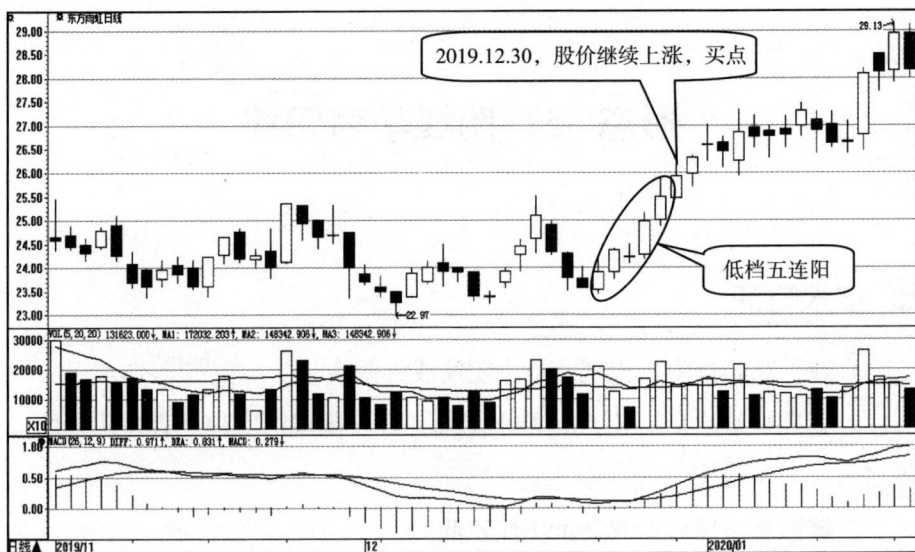

图2-48　东方雨虹日K线

实战提高

1. 投资者买入之后，可以将低档 5 连阳的最低点当作止损位。一旦股价跌破该价位，投资者要注意及时止损出场。

2. 该形态往往出现在下跌趋势彻底反转的时候，为使买点更为精准，投资者可以结合其他技术分析工具来研判趋势是否反转。

3. 在实战中，低位并排的阳线数量越多，表示多方力量积蓄越充足，向上突破后股价的上涨空间就会越大。

4. 如果在连续五根小阳线后紧接着有一根放量的中阳线或者大阳线放量突破，则该形态的看涨信号大大增强。

形态 35：阴线孕育阳线

➲ 技术特征

1. 在下跌趋势中，出现一根中阴线或大阴线。

2. 紧跟阴线之后，出现一根小阳线，且小阳线的实体孕育在阴线的实体之内。

3. 该形态出现时，成交量往往较低。

这种在下跌趋势中出现，阳线实体藏在阴线实体之内的 K 线组合，即阴线孕育阳线形态，如图 2-49 所示。

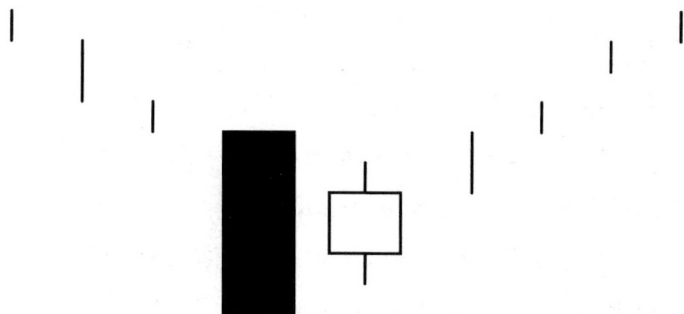

图2-49　阴线孕育阳线

阴线孕育阳线形态表明，市场已经由空方主导演变为多空僵持，伴随着上涨动能的持续增强，股价接下来将演变为多方主导行情。

出击买点　阴线孕育阳线形态出现后，第二个交易日，若股价继续上涨越过前根 K 线实体，则买点出现。

● 经典案例

如图 2-50 所示，在经过前期下跌之后，2020 年 6 月 30 日，江铃汽车（000550）出现阴线孕育阳线形态，发出看涨信号。第二个交易日，即 7 月 1 日，该股股价继续上涨，买点出现。

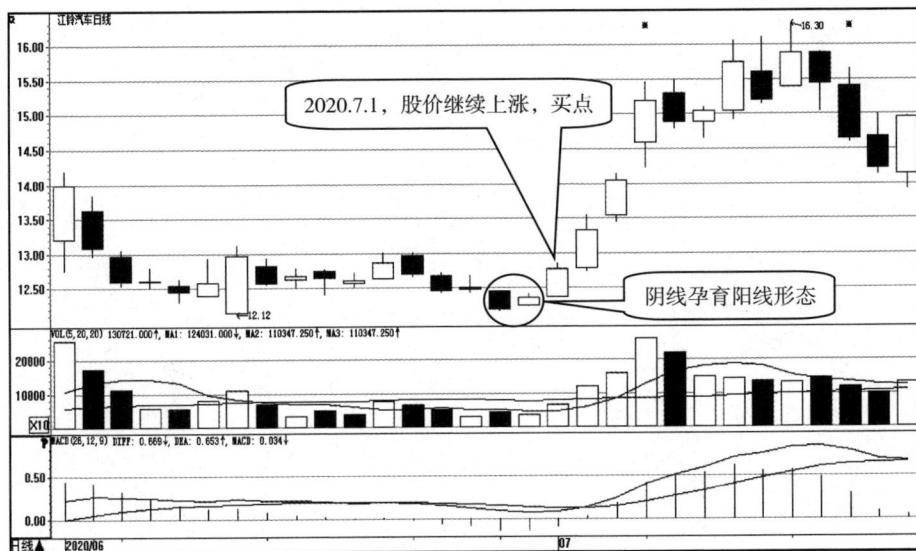

图2-50　江铃汽车日K线

实战提高

1. 该形态与阴线孕十字线形态在本质上一样，但所预示的上涨动能不如后者。

2. 投资者买入之后，可以将该形态的最低价当作止损位。之后一旦股价跌破该价位，投资者要注意及时止损出场。

3. 该形态十分常见，常常成为上涨趋势的起点。

第3章

多根 K 线的买入形态

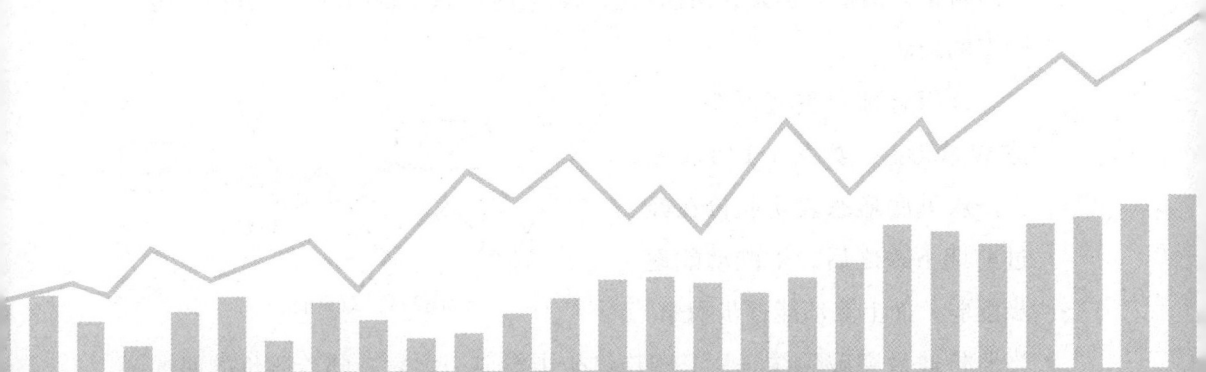

形态 36：双重底

➲ 技术特征

1. 在下跌行情的末期，股价连续两次下跌均获得支撑，形成两个底部。

2. 从第一次获得支撑反弹的顶点作一条水平线，即得到该形态的颈线。

3. 两个底的最低价基本相等。

4. 第二个底形成后，股价将再次向上，放量突破颈线。股价突破颈线之后常常有回抽，但是在回抽到颈线附近时可以止跌回升，这种回抽是对形态的确认。

该组合即双重底形态，又称 W 底形态，如图 3-1 所示。

双重底形态表明股价在经过前期下跌之后，下跌动能逐步削弱，而上涨动能逐步积聚。

图3-1　双重底

当股价放量突破颈线时，上涨趋势初步形成；之后，随着股价的回抽确认，上涨趋势彻底形成。因此，该形态有两个买点，其中，买点 2 并不一定要出现。

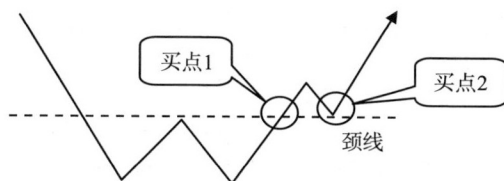

出击买点1 股价放量突破颈线时。

出击买点2 股价回抽确认时。

➲ 经典案例

如图3-2所示,在经过前期一波下跌走势之后,从2020年5月到7月,美尔雅(600048)出现双重底形态,发出看涨信号。7月8日,该股股价放量突破颈线,买点出现。

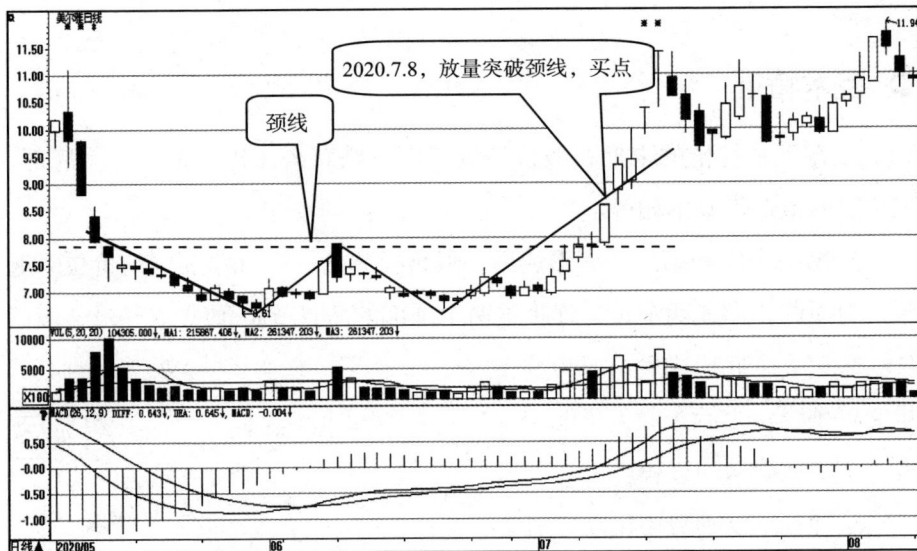

图3-2 美尔雅日K线

实战提高

1. 投资者买入之后,可以将止损设置在颈线附近。一旦股价后来的走势跌破颈线,就表明向上突破失败,投资者要注意及时出场。

2. 一般来说,两个底的累计换手率越大,则双重底形态的看涨信号越可靠,未来股价的上涨空间也会更大。

形态 37：三重底

⊃ 技术特征

1. 在下跌行情的末期，股价连续三次下跌获得支撑，形成三个底部，三个底的最低价基本相等。

2. 第一个底和第二个底形成后，股价反弹到一个几乎相同的价位时遇到阻力回调，形成两个顶，连接这两个顶部的高点就是颈线。

3. 第三个底形成后，股价放量突破颈线，之后，股价可能会有一个回抽确认的过程。

这种在下跌趋势中出现，有三个底的 K 线组合，即三重底形态，如图 3-3 所示。

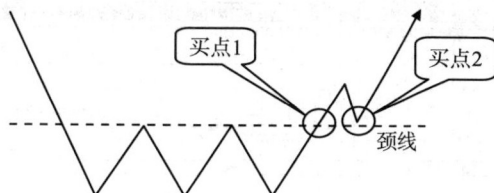

图3-3　三重底

本形态中，股价连续三次下跌都获得支撑，表明空方力量在底部震荡中逐渐衰竭，上涨动能逐渐增强。第三个底部形成后，股价向上一举放量突破颈线，这表明股价已经初步下跌趋势转为上涨趋势。之后，伴随着股价的回抽确认，上涨趋势彻底形成。

出击买点1　股价向上放量突破颈线时。

出击买点2　股价回抽确认时。该买点并不一定会出现。

⊃ 经典案例

如图 3-4 所示，在经过一波下跌走势之后，从 2020 年 4 月到 6 月，国投资本（600061）出现三重底形态，发出看涨信号。6 月 22 日，该股股价向上放量突破三重底形态的颈线，表明上涨趋势已经形成，买点出现。6 月 30 日，股价突破后回抽确认，在三重底颈线处形成旭日东升形态，这是确认买点，投资者要注意不可错过。

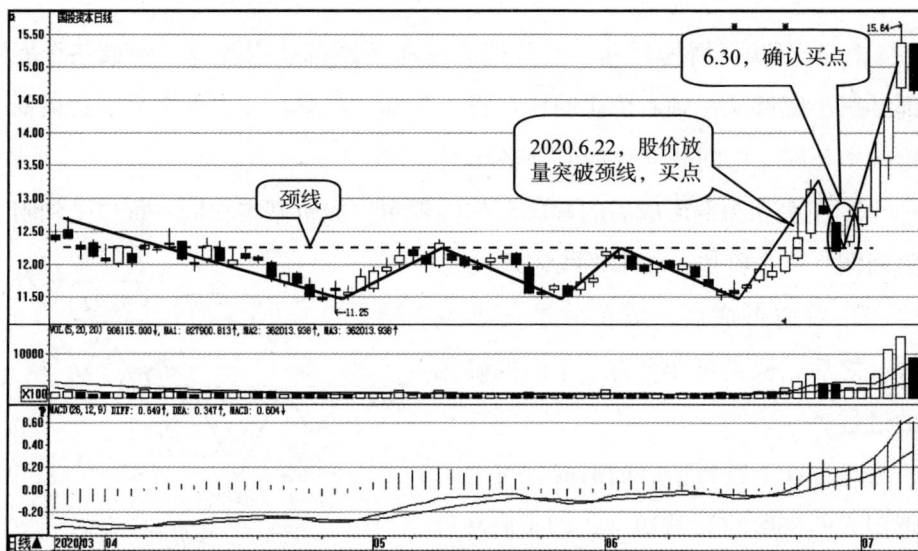

图3-4 国投资本日K线

实战提高

1. 与双重底形态类似，投资者买入之后，可以将止损位放在颈线附近。一旦股价后来的走势跌破颈线，就表明向上突破的失败，投资者要注意及时出场。

2. 在三重底形成过程中的累计换手率越大，说明空方力量被消化越充分，该形态的看涨信号就越强烈。

3. 三重底形态形成的过程中，常常伴随着出现 MACD 指标的底背离。

形态 38：头肩底

➲ 技术特征

1. 在下跌行情的后期，股价连续三次下跌都获得支撑，形成三个底部。三个底部从左到右依次叫作左肩、头部、右肩，左右两个肩部的最低价基本相同，中间底部的最低价略低。

2. 左肩和头部形成后的两次反弹过程中，股价基本在同一价位受到阻力回调，这个价位上的水平线为颈线。

3. 右肩形成后，股价放量突破颈线，之后，股价可能会有一个回抽确认的过程。

这种在下跌行情后期形成，三个底形似人的头肩的 K 线组合，即头肩底形态，如图 3-5 所示。

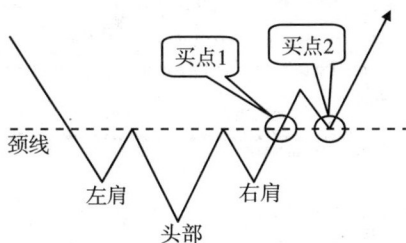

图3-5 头肩底形态

头肩底形态是典型的反转形态，它表明空方力量不断地被消耗，上涨动能不断积聚。一旦头肩底形态完成，之后将是一波较大的上涨趋势。与 W 底和三重底形态一样，头肩底形态的买点也有两个。

出击买点1 股价放量突破颈线时。

出击买点2 股价回抽确认时。该买点并不一定会出现。

⟳ 经典案例

如图 3-6 所示，在经过前期的下跌之后，从 2020 年 3 月到 6 月，苏宁易购（002024）出现头肩底形态，发出看涨信号。2020 年 7 月 6 日，该股股价向上放量突破颈线，买点出现。

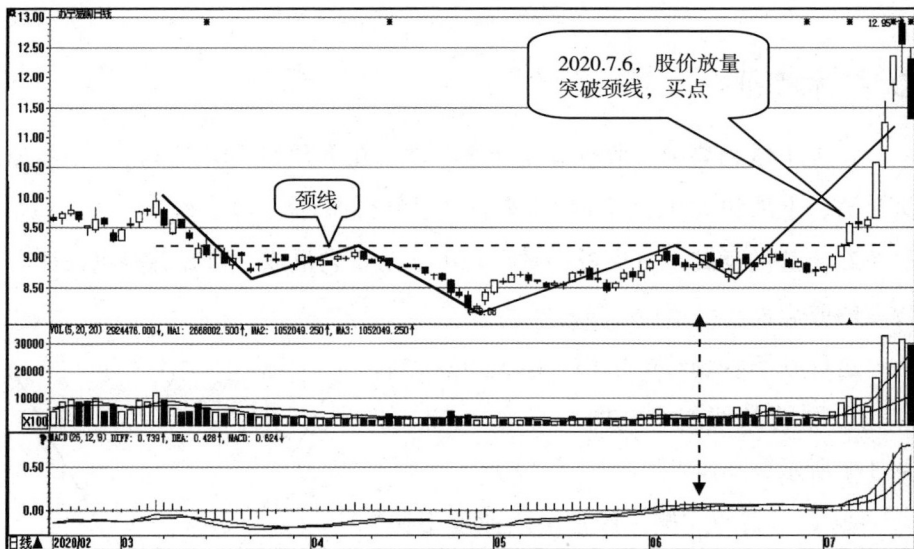

图3-6 苏宁易购日K线

实战提高

1. 在头肩底形态形成过程中，左肩和头部的成交量大致相等，而右肩区域成交量往往大幅放大，出现放量向上突破行情，这是市场由下跌趋势转为上涨趋势的标志。

2. 如果股价向上突破颈线时没有放量，可能之前只是一个假突破，在这样的情况下投资者不能贸然买入股票。

3. 投资者一旦发现头肩底形态，要密切注意两点：首先是看该形态否对应着其他技术指标的重要买点，其次是要注意股价接下来是否放量突破颈线。

形态 39：V 形底

⊃ 技术特征

1. 在下跌趋势中，股价首先加速下跌，在下跌到一定程度时，突然掉头上涨，上涨和下跌之间完全没有整理过渡行情。

2. 走势的反转十分尖锐，常在几个交易日内形成，且在转势点往往有较大的成交量。

这种在下跌趋势中出现，急速下跌之后急速上涨的 K 线组合，即 V 形底形态，如图 3-7 所示。

在 V 形底的左侧，股价下跌速度很快，表示空方力量较强。但是当股价到达 V 形的底部时，空方力量突然消失，多方力量迅速崛起，股价触底后即一路上涨。

图3-7　V形底

当 V 形底刚形成时，投资者并不能判断股价放量上涨性质；而当 V 形底形态彻底形成之后，股价涨幅已经很大，买入价位很不理想。因此，投资者在判定上涨趋势已经形成之后，可以等股价冲高回落时再伺机买入。

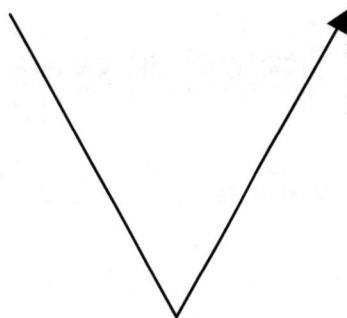

出击买点 ▶ 　V 形底形态形成后，投资者若判断上涨趋势已经彻底形成，可以在股价冲高回落时买入。

↪ 经典案例

如图 3-8 所示，2018 年 6 月，广汇能源（600256）出现一波"急剧下跌—急剧上涨"的走势，形成 V 形底形态。7 月初，股价冲高回落，但没有再创新低，而是企稳回升，这是新一波上涨趋势形成的标志，投资者可以逢低买入。

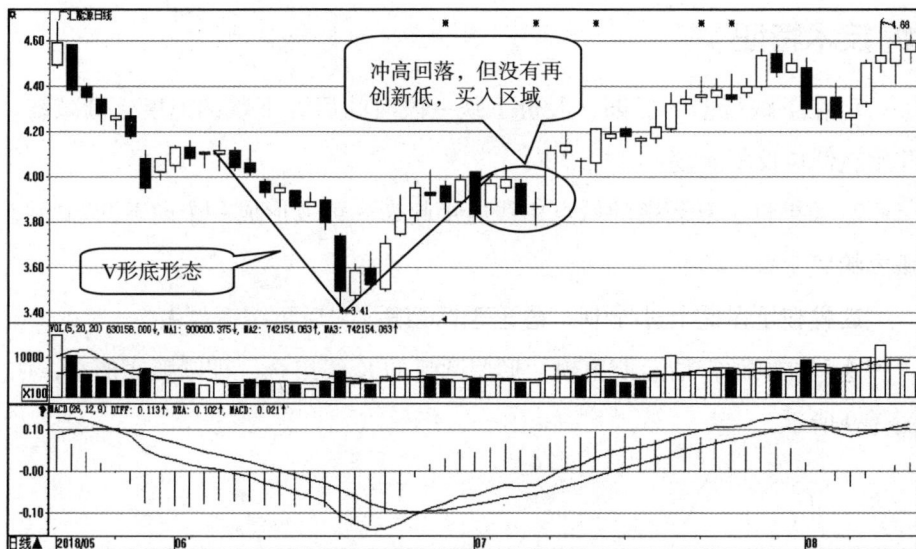

图3-8　广汇能源日K线

实战提高

1. V 形底形态往往呈现出暴跌暴涨的特征，在这种情况下，投资者不宜买入卖出，最好保持观望。

2. V 形底形态出现后，投资者可以通过多种途径来判断上涨趋势是否形成：如股价放量突破前期缺口、股价放量突破 60 日均线、DIFF 线越过零轴等。

形态 40：圆弧底

➲ 技术特征

1. 在下跌行情的后期，股价下跌一段时间后，下跌的速度逐渐减缓，开始在低位反复震荡。

2. 如果将反复震荡的低点用线连接起来，可以形成一个向下凹陷的圆弧形状。

3. 成交量在这个过程中，先是逐渐萎缩，之后再缓缓放大。

这种在下跌行情后期出现，形似圆弧的 K 线组合，即圆弧底形态，如图 3-9 所示。

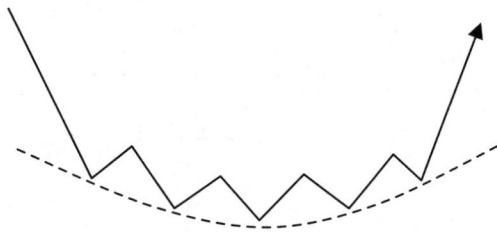

图3-9　圆弧底

在圆弧底形态中，股价先是在成交量逐渐减少的情况下，下跌速度越来越缓慢，直到成交量出现极度萎缩，股价才停止下跌。然后多方力量开始逐渐入场，成交量温和放大，股价由缓慢上升逐渐转变为加速上升，从而形成股价走势的圆弧形态。

圆弧底表示市场由空方主导行情逐渐变成多方主导行情，为股价见底反转的信号。圆弧底形态没有颈线，因此并没有明显的买入点。当圆弧底形态形成后，股价出现加速上涨趋势时，投资者就可以积极买入股票。

出击买点 　　　圆弧底形态形成后，若股价突然放量加速上涨，则买点出现。

⊃ 经典案例

如图3-10所示，从2020年3月上旬至4月上旬，华联控股（000036）出现圆弧底形态，发出看涨信号。4月22日，该股股价突然放量加速上涨，买点出现。

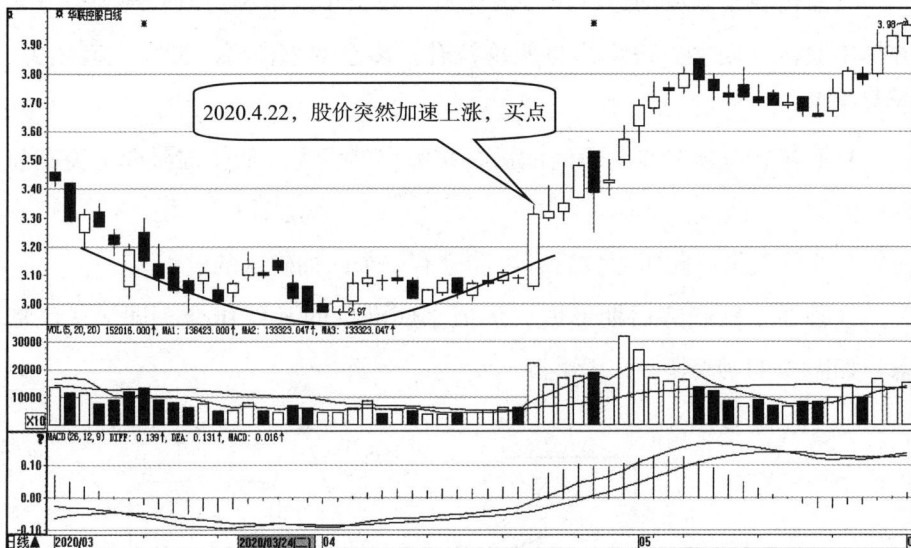

图3-10　华联控股日K线

实战提高

1. 圆弧底形态形成后，一般上涨趋势已经形成。但为了使得看涨信号更加可靠，投资者可以结合其他技术指标来判断上涨趋势是否形成。

2. 一般来说，圆弧底形态形成的时间越长，之后的上涨幅度就越大。

形态 41：潜伏底

➲ 技术特征

1. 在一段下跌行情尾端，股价长期在一个狭窄的区间内小幅波动。

2. 股价在小幅波动过程中，成交量一般很小。市场行情表现为空方无力打压股价，而多方也无力将股价拉升，多空双方僵持。股价上有压力、下有支撑。

3. 股价在低位横盘一段时间后，多方突然发力，股价放量向上突破前期压力位。

4. 股价放量突破压力位后，可能会有一个回抽确认的过程。

这种在下跌趋势后期形成，形似水底潜伏的 K 线组合，即潜伏底形态，如图 3-11 所示。

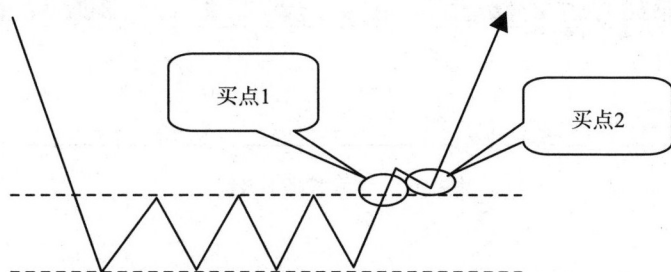

图3-11　潜伏底

潜伏底形态表明，在下跌趋势后期，伴随着多空双方的长期僵持，上涨动能逐步积聚，下跌动能则消耗严重。一旦股价成功突破上方压力位，股价可以被持续拉升。

与双重底形态类似，当股价突破上方压力位后，也有可能出现回抽确认的过程，因此，其买点也有两个。

出击买点1　　　　　股价放量突破压力位时。

出击买点2　　　　　股价回抽确认时。该买点并不一定出现。

⊃ 经典案例

如图 3-12 所示，在经过前期一波下跌趋势之后，从 2020 年 4 月至 6 月，潞安环能（601699）出现潜伏底形态，同时伴随着极低的成交量，发出看涨信号。2020 年 6 月 18 日，该股股价以涨停板的形式放量突破前期震荡高点，买点 1 出现。随后不久该股出现回抽确认走势，又形成确认买点，投资者要注意把握。

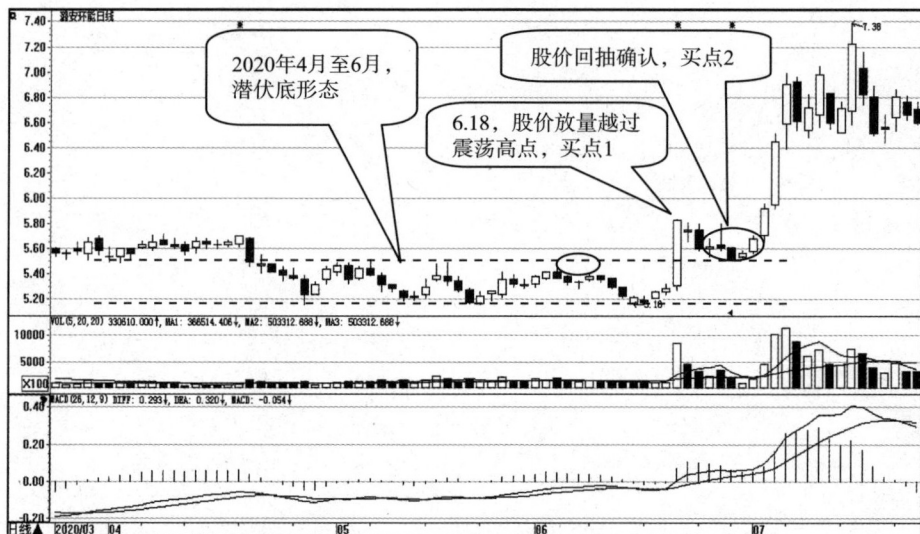

图3-12　潞安环能日K线

实战提高

1. 本形态与三重底形态有相似的地方，只不过是震荡时间更长，同时震荡区间更小。

2. 投资者买入之后，可以将压力位作为止损价。之后走势一旦跌破该价位，就表明前期突破失败，投资者要注意及时出场。

3. 所谓"横有多长，竖有多高"，股价在底部持续整理时间越长，则该形态的看涨信号就越强烈。

形态 42：底部岛形反转

⊃ 技术特征

1. 在股价下跌过程中，出现一个缺口，之后股价进入底部整理行情，但是这个缺口并没有被回补。

2. 当股价在底部整理一段时间后，逐渐进入上涨行情。在上涨到前期缺口附近时，出现另一个向上跳空的缺口。第二个缺口的位置与第一个缺口基本相同，且回补第一个缺口的跳空跌幅。

这种在下跌趋势末期出现，由一个向下的跳空缺口、一个向上的跳空缺口和两个缺口之间的整理区间组成，形似孤岛的 K 线组合，即底部岛形反转形态，如图 3-13 所示。

底部岛形反转表示多空力量转换。在回补掉第一个缺口后，股价将进入多方主导的上涨行情，而跳空上涨的第二个缺口更加确认了多方的强势。

图3-13　底部岛形反转

出击买点 ➤ 　　底部岛形反转形态形成后，若股价没有跌破第二个缺口，投资者可以逢低买入。

● 经典案例

　　如图 3-14 所示，在经过一波下跌走势后，从 2016 年 1 月至 2 月，凤凰光学（600071）形成底部岛形发转形态，发出看涨信号。之后一段时间，该股股价缩量回调，但得到第二个缺口的明显支撑，投资者可以逢低买入。

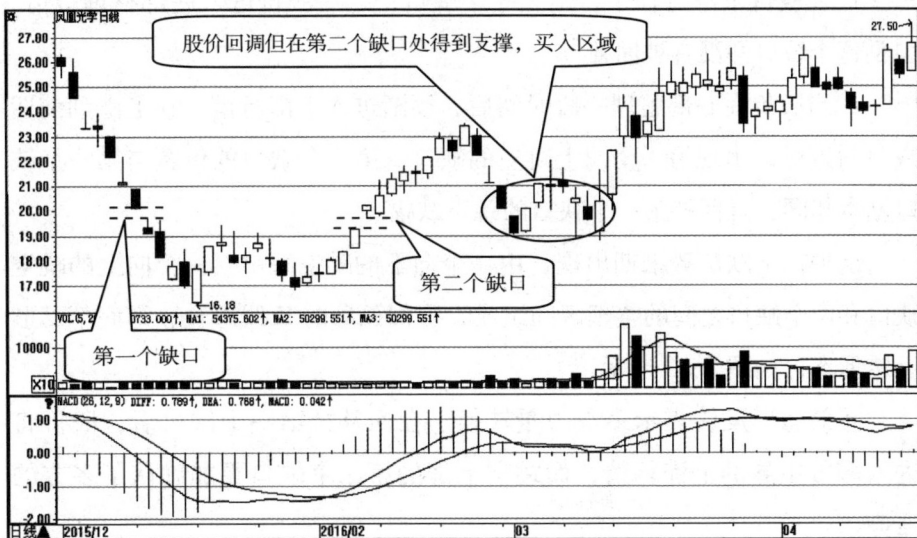

图3-14　凤凰光学日K线

实战提高

　　1. 岛形反转的两个缺口之间的总换手率越大，表示空方力量被消耗的越彻底，该形态的看涨信号就会越强烈。

　　2. 在形成第二个缺口的同时往往伴随很大的成交量。如果成交量很小，则突破难以持续，这时投资者最好不要买入股票。

第 4 章

K 线图的其他买入形态

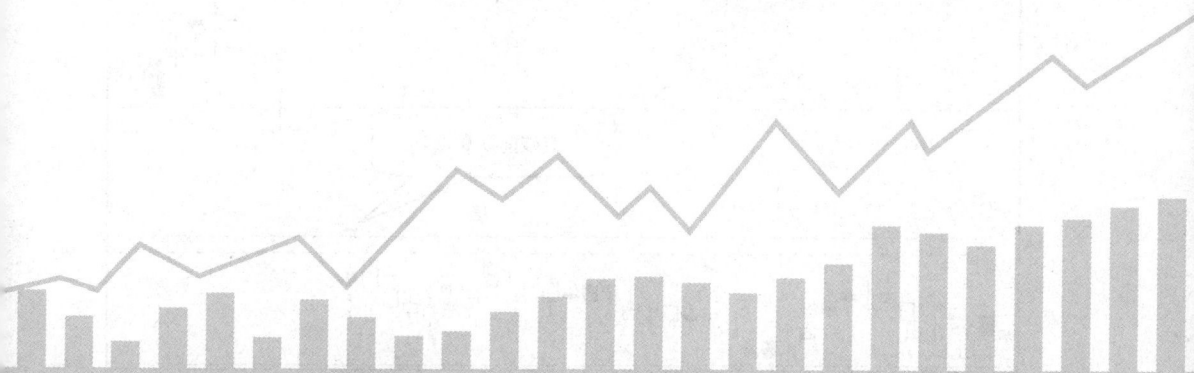

形态 43：突破前期高点

➲ 技术特征

1. 在下跌趋势后期，股价在底部不断震荡筑底，同时伴随着较低的成交量。

2. 股价经过震荡筑底之后，向上放量突破前期高点。

满足以上两个条件的走势即为突破前期高点形态，如图 4-1 所示。

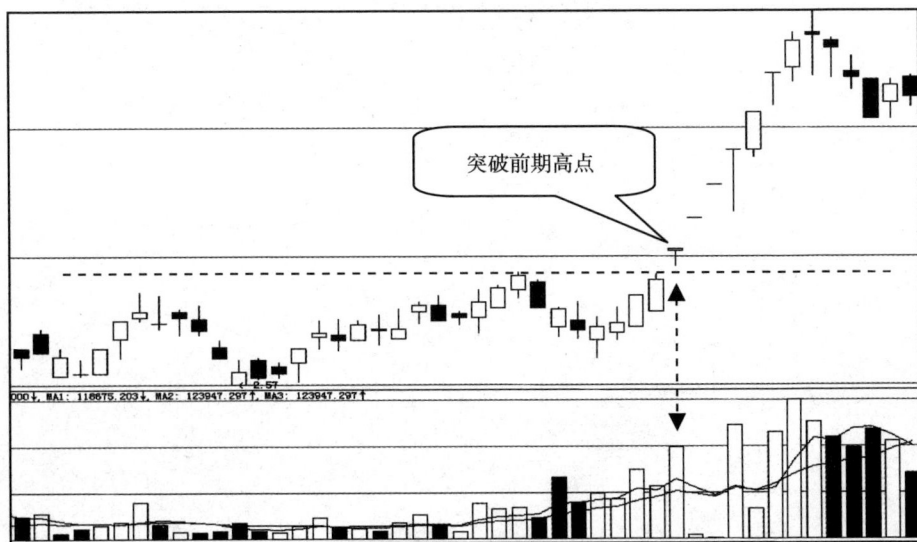

图4-1 突破前期高点

突破前期高点表明，股价在经过较长时间的震荡之后，下跌动能逐步耗尽，上涨动能快速集聚。当股价放量突破前期高点时，就表明上涨趋势已经形成。

<table>
<tr><td>出击买点</td><td>　　股价突破前期高点后，第二个交易日，若股价不跌破前期高点，则买点出现。</td></tr>
</table>

● 经典案例

　　如图 4-2 所示，在经过前期较长时间的震荡后，2019 年 2 月 26 日，三峡水利（600116）出现放量突破前期高点形态，发出看涨信号。第二个交易日，即 2 月 27 日，该股股价没有跌破前期高点而是继续上涨，买点出现。

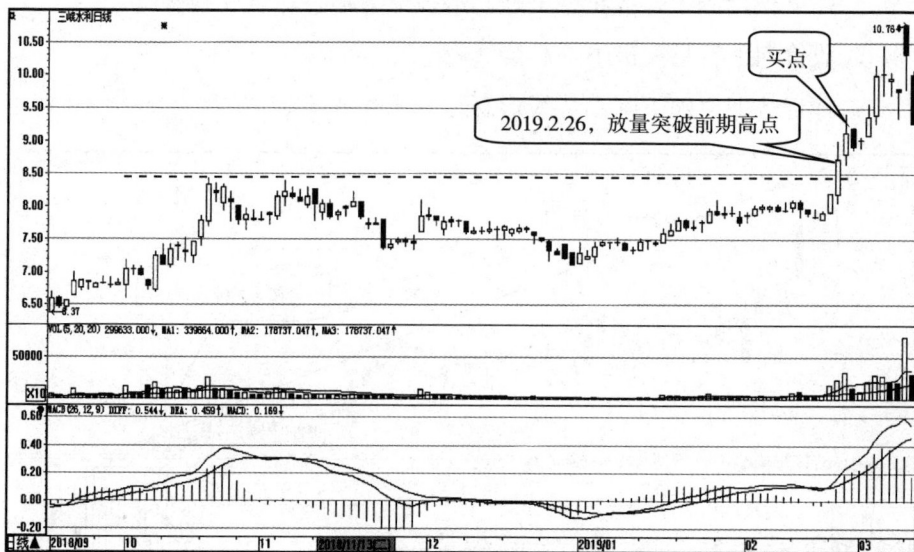

图4-2　三峡水利日K线

实战提高

　　1. 震荡趋势的高点，一般是重要的阻力位。当股价放量突破该高点时，就表明上涨趋势已经形成。

　　2. 投资者买入之后，可以将该高点价位当作止损价。一旦之后的走势跌破该价位，就表明前面的放量突破失败，投资者要注意及时出场。

形态 44：突破下降趋势线

⊃ 技术特征

1. 在下跌趋势中，股价在下跌趋势线下方运行，成交量极低。

2. 股价向上放量突破下降趋势线。

这种走势即突破下降趋势线形态，如图 4-3 所示。

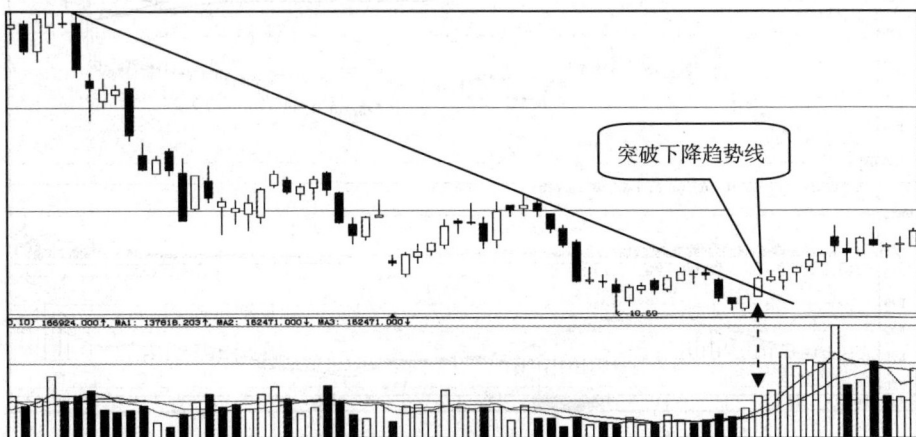

图4-3　突破下降趋势线

放量突破下降趋势线，表明市场下跌趋势已经结束，即将开始上涨。在突破下降趋势线的时候，成交量的放大，则是对看涨信号的验证。

出击买点 ➤　放量突破下降趋势线后，第二个交易日，若股价不跌破下降趋势线，则买点出现。

➲ 经典案例

如图 4-4 所示，在经过一波下降走势之后，2020 年 5 月 20 日，杭钢股份（600126）出现突破下降趋势线形态，发出看涨信号。第二个交易日，即 5 月 21 日，该股股价跳空高开，显示出极强的上涨动能，买点出现。

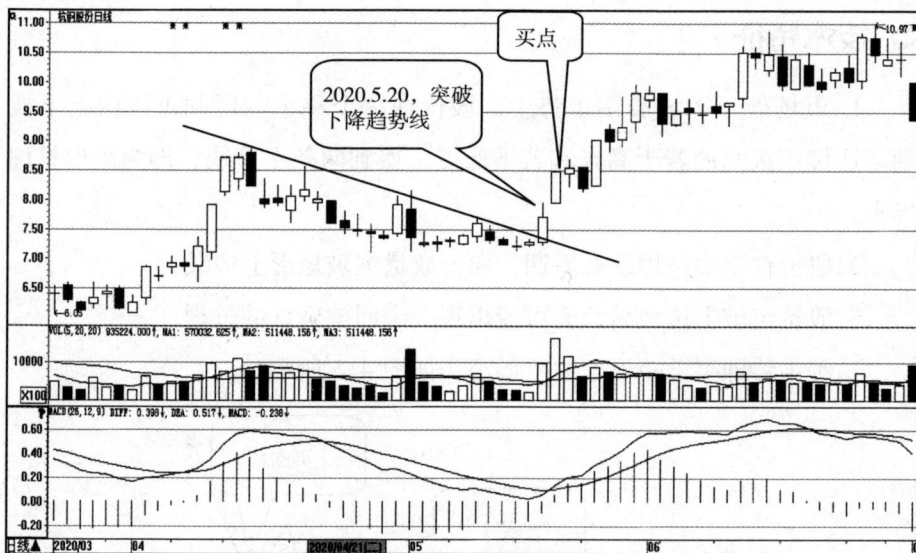

图4-4 杭钢股份日K线

实战提高

1. 投资者在利用该形态时，要注意下降趋势线的正确画法，要使下跌趋势中的大部分顶点都处于同一条直线上。

2. 股价突破下降趋势线时，表明市场下跌趋势的结束和上涨趋势的初步形成，投资者可以结合其他技术指标来综合研判上涨趋势是否形成。

形态 45：突破矩形上边线

➲ 技术特征

1. 市场处于一波震荡走势中，股价在一个狭窄的区间范围内上下波动。连接该区间的若干高点和若干低点，得到两条水平线，即为矩形整理形态。

2. 股价在矩形整理形态后期，向上放量突破矩形上边线。

3. 股价突破上边线后，有可能出现一个回抽确认的过程。

这种走势即突破矩形上边线形态，如图 4-5 所示。

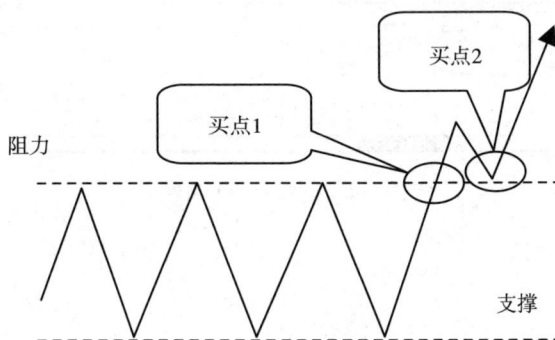

图4-5　突破矩形上边线

突破矩形上边线，表明市场经过较长时间的整理之后，下跌动能不断削弱，上涨动能经过蓄势已经占据优势，股价接下来将出现一波上涨走势。

出击买点1　　　　股价放量突破矩形上边线时。

出击买点2　股价回抽确认时。该买点并不一定会出现。

➲ 经典案例

如图 4-6 所示，从 2020 年 6 月下旬至 8 月初，重庆啤酒（600132）以矩形形态不断地震荡。8 月 17 日，该股股价跳空高开，迅速拉出一个涨停并突破矩形上边线，发出看涨信号，投资者要注意及时买入。

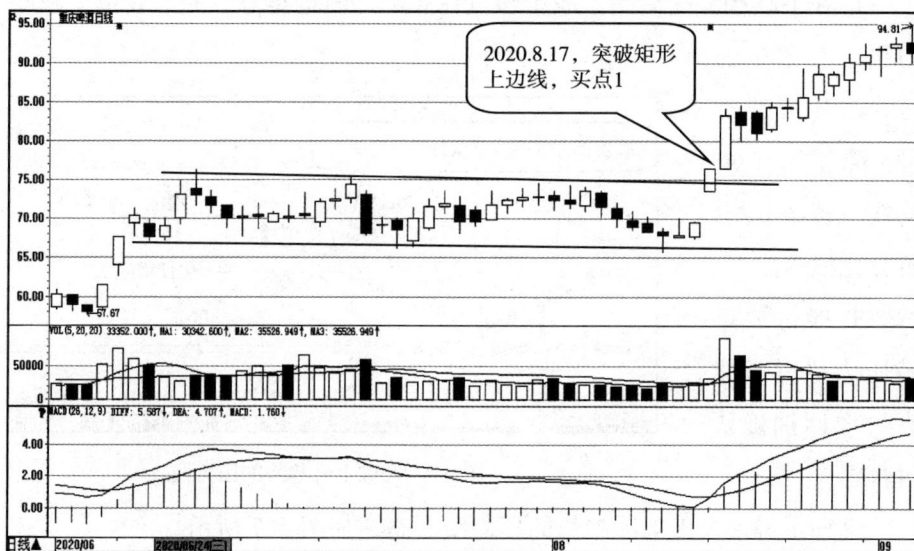

图4-6　重庆啤酒日K线

实战提高

1. 投资者买入之后，可以将矩形上边线作为止损位。之后的走势一旦跌破该价位，就表明先前的突破失败，投资者要注意积极出场。

2. 矩形形态既可以出现在股价上涨趋势中，也可以出现在下跌趋势的末期。

形态 46：突破上升趋势的压力线

➔ 技术特征

1. 在下跌趋势的后期，股价经过在底部不断地蓄势，向上放量突破压力线。

2. 压力线有多种，常用的有 60 日均线、黄金分割线、百分比线等。

3. 股价放量突破压力线后可能会有一个回抽确认的过程。

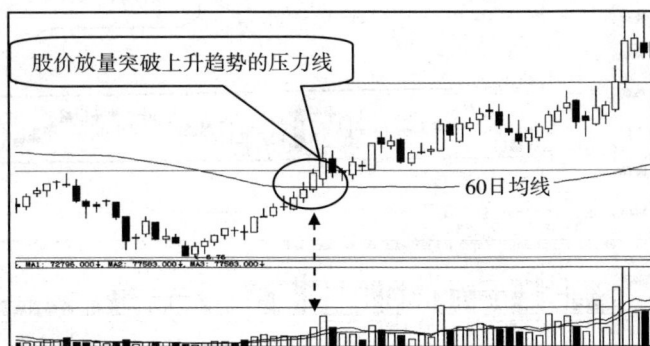

图4-7　突破上升趋势的压力线

这种走势即突破上涨趋势的压力线形态，如图 4-7 所示。

股价从低位放量突破上升趋势的压力线，表明市场空方力量不断削弱，上涨动能不断增强，上涨趋势已经基本确立。

出击买点1　　股价放量突破压力线时。

出击买点2　　股价回抽确认时。该买点可能不出现。

⟳ 经典案例

如图 4-8 所示，当代文体（600136）在经过底部蓄势之后，2019 年 2 月 25 日向上放量突破 60 日均线，发出看涨信号，表明上涨趋势已经基本形成，投资者要注意把握这个买点。

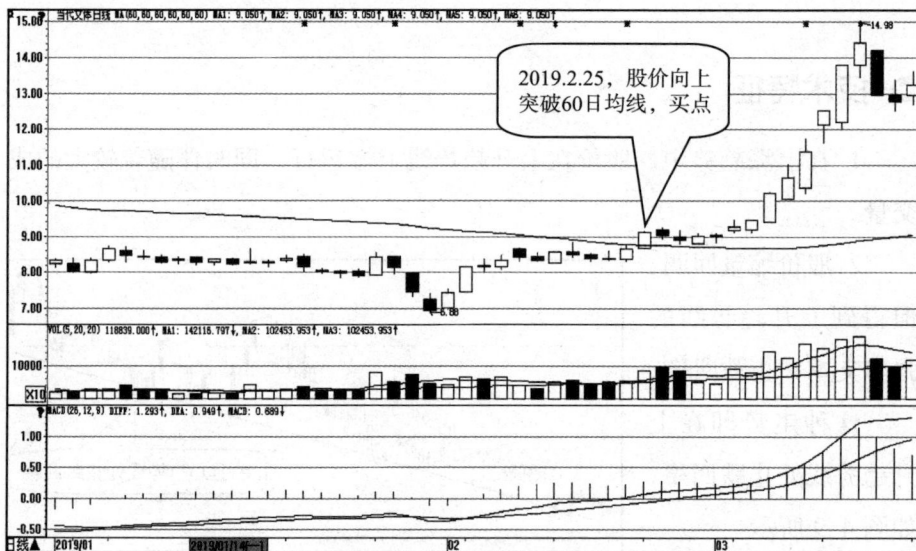

图4-8　当代文体日K线

实战提高

1. 上涨趋势形成之前，股价一般会在压力线之下震荡较长一段时间，此时投资者要耐心等待。

2. 在实战中另一个常用的压力线是黄金分割线，在应用该工具时，投资者要注意与波浪理论结合使用。

3. 当股价在压力线下方多次接触压力线但无法突破时，就表明该压力线阻力作用十分明显。而一旦股价突破成功，该压力线将成为强力的支撑线。

形态 47：在上升趋势线处止跌回稳

➲ 技术特征

1. 在上涨趋势中，股价在上升趋势线上方运行，同时伴随着较大的成交量。

2. 股价缩量回调，但得到上升趋势线的强力支撑，止跌回稳。

这种走势即在上升趋势线处止跌回稳，如图 4-9 所示。

股价在上升趋势线处止跌回稳，表明市场上涨动能仍然强势，股价接下来仍将延续原来的上涨趋势。

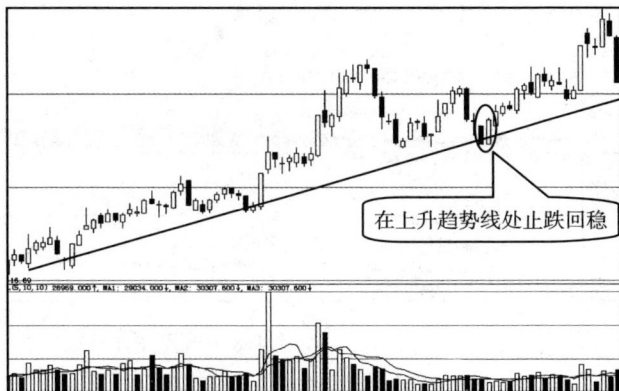

图4-9 在上升趋势线处止跌回稳

出击买点 ➤ 股价在上升趋势线处止跌回稳后，只要股价之后不跌破上升趋势线，投资者可以逢低买入。

➲ 经典案例

如图 4-10 所示，2018 年 12 月，上海建工（600170）在经过一波上涨后下跌企稳，与 10 月 19 日的低点相比，该股没有创新低，之后该股股价再次上涨。投资者可以由这两个低点画出一条上升趋势线。之后，2019 年 1 月 2 日和 17 日，该股在上升趋势线上方冲高回落，在回到上升趋势线附近得到支撑，形成在上升趋势线处止跌回稳形态，发出看涨信号。同时该股 K 线组合形成锤子线形态，更增加了看涨信号的可靠性，投资者可以积极买入。

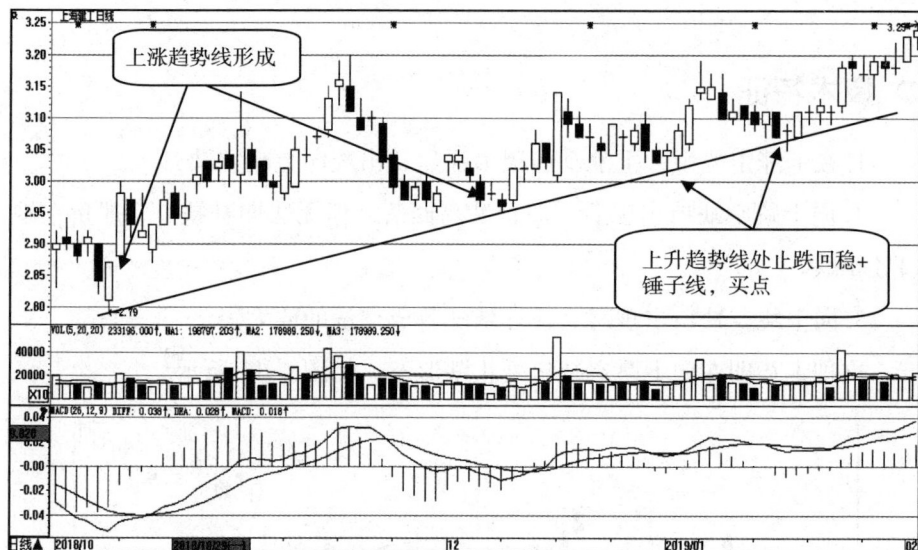

图4-10　上海建工日K线

实战提高

1. 投资者在利用该形态时，要注意上涨趋势线的正确画法，要使上涨趋势中的大部分低点都处于同一条直线上。

2. 股价止跌回稳时，一般都伴随着出现股价 K 线看涨组合，投资者要注意把握，以增加买点的精准性。

3. 上升趋势线越陡峭，就表明上涨动能越强，股价止跌回稳之后的涨幅就越大。

形态 48：在向上跳空缺口处止跌

➲ 技术特征

1. 在上涨走势中，上涨动能极为强烈，出现向上跳空缺口。

2. 向上跳空缺口出现后，股价冲高回落，但无法回补缺口，股价在缺口处止跌。

3. 向上跳空缺口出现时，往往伴随着成交量的放大。

这种走势即在向上跳空缺口处止跌形态，如图 4-11 所示。

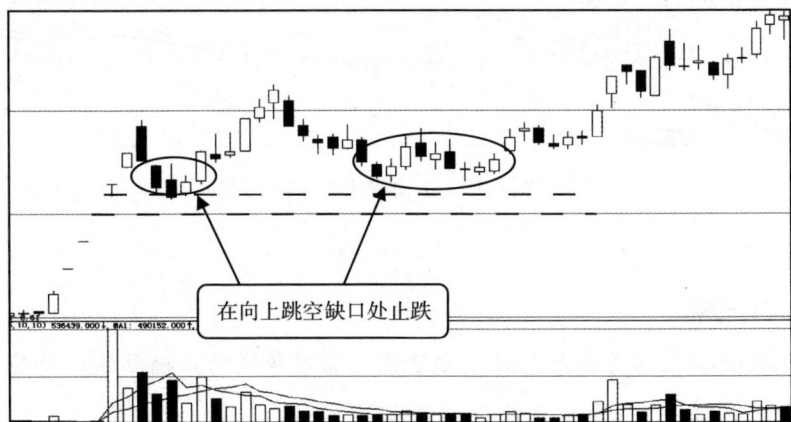

图4-11　在向上跳空缺口处止跌

在向上跳空缺口处止跌，表明上涨动能仍然较强，股价在经过震荡回调之后，仍将延续原来的上涨走势。

出击买点 ➡　　　在向上跳空缺口处止跌后，投资者可以积极买入。

➲ 经典案例

如图 4-12 所示，2020 年 7 月 2 日，卧龙地产（600173）放量高开，形成一个巨大的跳空缺口。之后该股缓缓上涨后回调确认，7 月 17 日，股价在缺口处受到支撑再次向上，同时 K 线形成锤子线形态，买点出现。

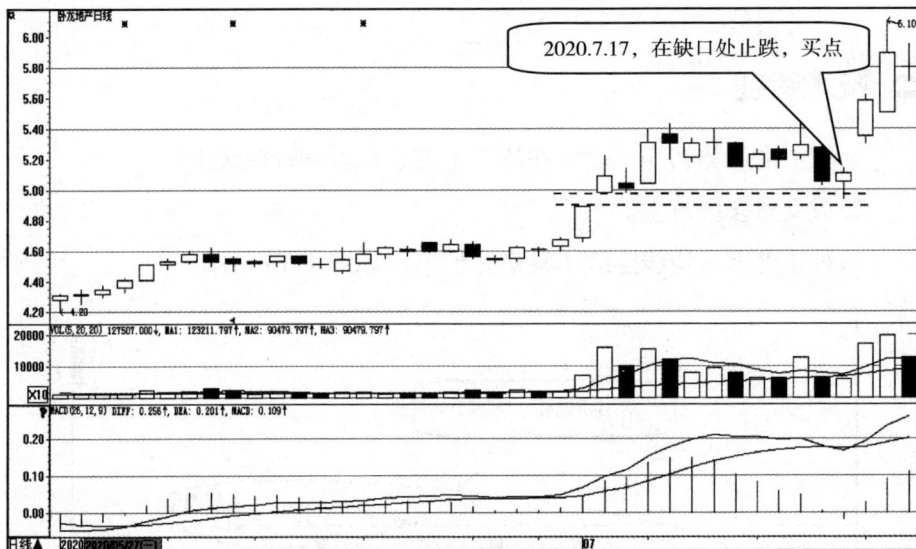

图4-12　卧龙地产日K线

实战提高

1. 向上跳空缺口形成时，一般要伴随着成交量的放大，否则其上涨意义就不是很强烈，缺口的支撑作用将大打折扣。

2. 投资者买入之后，可以将缺口当作止损位。之后的走势一旦回补该缺口，就表明缺口的支撑作用已经完全丧失，投资者要注意及时卖出。

形态 49：沿均线连续小幅攀升

➲ 技术特征

1. 在上涨趋势初期，股价在均线上方，沿着均线缓缓上涨。

2. 成交量缓缓放大。

这种走势即沿均线连续小幅攀升形态，如图 4-13 所示。

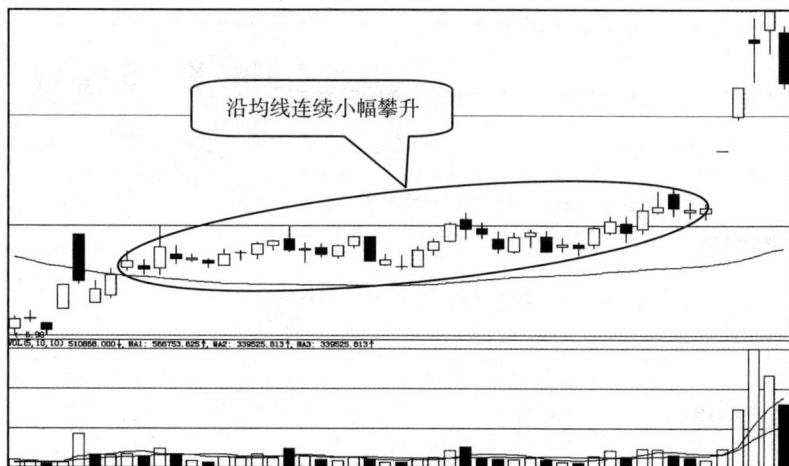

图4-13　沿均线连续小幅攀升

沿均线连续小幅攀升，表明市场上涨动能仍在不断积聚。之后，股价有较大可能出现加速上涨态势。

出击买点 ➤ 　　沿均线连续小幅攀升出现后，若股价出现放量加速上涨态势，则买点出现。

⊃ 经典案例

　　如图 4-14 所示，从 2020 年 7 月 6 日开始，吉林森工（600189）一直沿着 60 日均线连续小幅攀升，表明上涨动能正在不断积聚，股价有较大可能出现加速上涨行情。7 月 28 日，该股以放量涨停的形式开始加速上涨，买点出现。

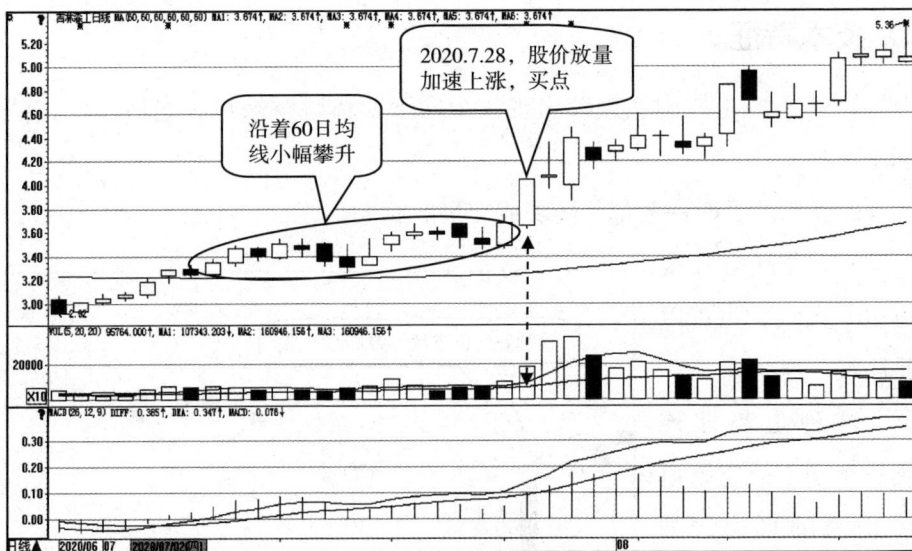

图4-14　吉林森工日K线

实战提高

　　1. 该形态形成的前提是，上涨趋势已经形成。

　　2. 一般来说，股价沿均线连续小幅攀升持续的时间越久，则之后的上涨走势涨幅就越大。

　　3. 均线的参数可以调整，常用的有 20 日均线、60 日均线、100 日均线等。

形态 50：连续三个向下跳空缺口后止跌

➲ 技术特征

1. 在下跌走势中，连续出现三个向下实体跳空缺口，之后股价止跌回升。

2. 止跌回升时一般都伴随着成交量的放大。

3. 三根跳空 K 线可以是阳线，也可以是阴线。

这种走势即连续三个向下跳空缺口后止跌的形态，如图 4-15 所示。

连续三个向下跳空缺口的出现，表明市场下跌动能虽然正

图4-15　连续三个向下跳空缺口后止跌

在集中释放，但是物极必反，之后股价止跌，表明市场下跌动能已经是强弩之末，即将出现一波上涨走势。

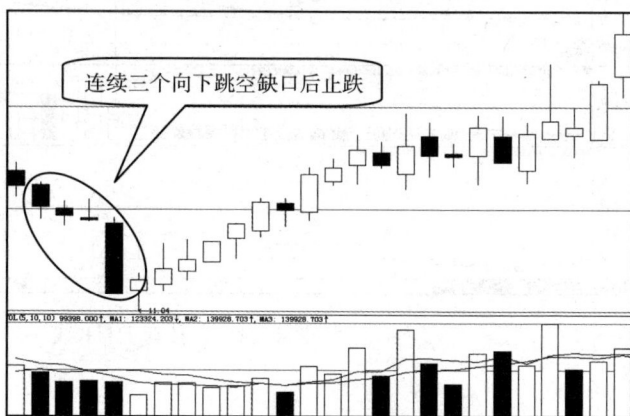

出击买点 ▷　该形态出现后的几个交易日，若股价不跌破形态的最低价，则买点出现。

⊃ 经典案例

如图 4-16 所示,从 2020 年 7 月 14 日至 7 月 17 日,广汇汽车(600297)出现连续三个向下跳空缺口,随后该股止跌企稳。7 月 20 日,K 线出现旭日东升形态,买点出现。

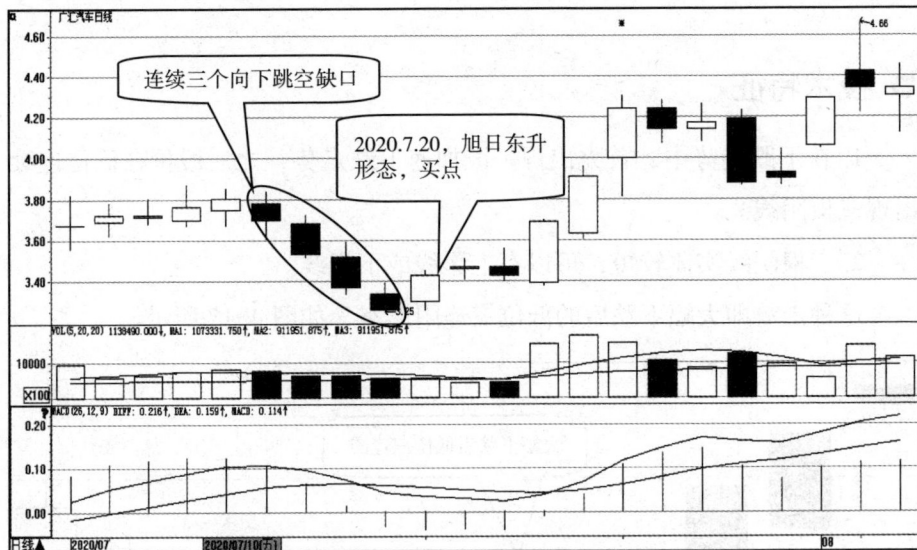

图4-16　广汇汽车日K线

实战提高

1. 连续三个向下跳空缺口后止跌,K 线组合往往出现反转形态,投资者要注意把握,以提高买点的精准性。

2. 投资者买入后,可以将形态的最低价当作止损位。之后的走势一旦跌破该价位,就表明上涨动能较弱,投资者要注意及时出场。

3. 如果该形态出现后,出现上涨趋势即将形成的信号,如 MACD 指标的底背离等,此时往往是买入的良机。

形态 51：大幅下跌后的低位三连阴

⮑ 技术特征

1. 在下跌趋势中，首先出现一波加速下跌走势，之后股价在低位连续出现三根阴线。

2. 三根阴线实体较短，可以有上影线或下影线。

这种走势即大幅下跌后的低位三连阴形态，如图 4-17 所示。

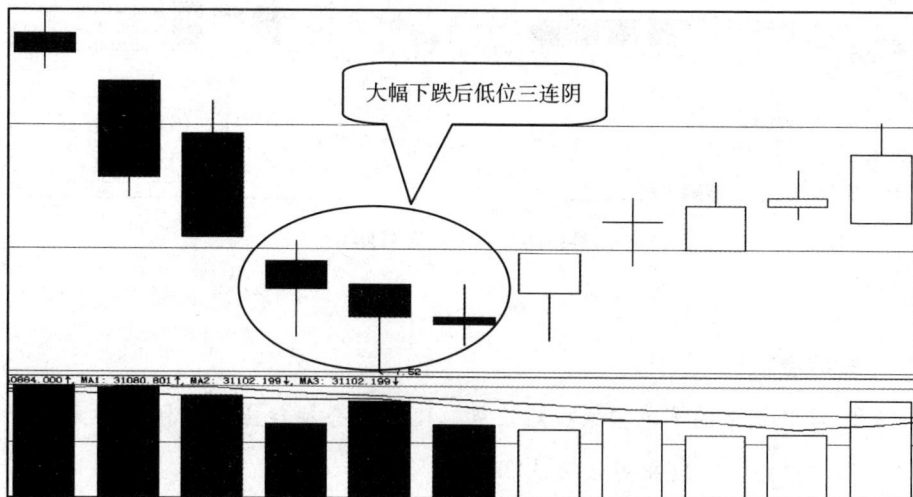

图4-17　大幅下跌后低位三连阴

大幅下跌后三连阴，表明市场下跌动能正在削弱，上涨动能正在逐步积聚，股价接下来有较大可能出现一波上涨走势。

出击买点　　　　该形态出现后，之后几个交易日，若股价不跌破该形态最低点，则买点出现。

➲ 经典案例

如图4-18所示，从2020年3月17日至3月19日，恒瑞医药（600276）出现较大幅度下跌后形成低位三连阴形态，发出看涨信号。3月20日，股价在低位震荡，但没有跌破低位三连阴最低点，买点出现。

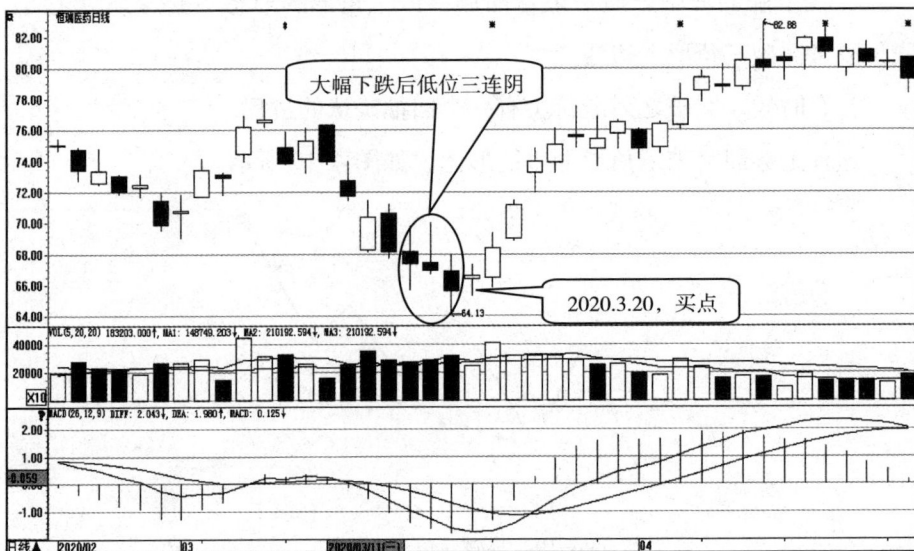

图4-18　恒瑞医药日K线

实战提高

1. 一般来说，低位的三个阴线，其影线越长，上涨动能就越强烈，之后的涨幅也越大。

2. 该形态出现后，股价 K 线组合往往形成一些经典的反转形态，投资者要注意把握这些反转形态，以提高买点的精准性。

形态 52：突破三角形上边线

⊃ 技术特征

1. 在上涨趋势中，股价缩量回调，以三角形的形态不断震荡，之后，股价放量突破三角形上边线。

2. 有时候，突破之后股价会有一个回抽确认的过程。

这种走势即突破三角形上边线形态，如图 4-19 所示。

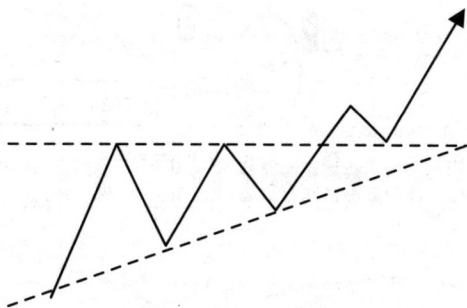

图4-19　突破三角形上边线

突破三角形上边线，表明空方实力越来越弱，多方实力不断增加，股价接下来将延续原来的上涨趋势。

出击买点1　股价放量突破三角形上边线时。

出击买点2　股价回抽确认时。该买点并不一定会出现。

⊃ 经典案例

如图 4-20 所示，在经过一波上涨趋势后，从 2020 年 7 月中旬到 2020 年 8 月中旬，江山股份（600389）出现三角形整理形态。8 月 18 日，该股股价放量突破三角形上边线，买点出现。

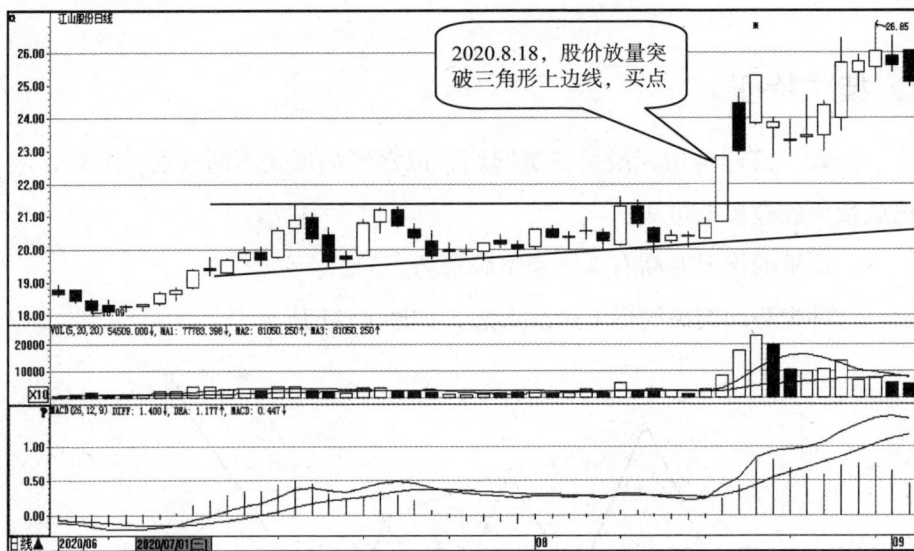

图4-20　江山股份日K线

实战提高

1. 投资者买入之后，可以将三角形上边线当作止损位。之后走势一旦跌破该价位，就表明突破失败，投资者要注意及时出场。

2. 三角形越早往上突破，则后劲越足。那些走到三角形顶点位置还迟迟不能突破的形态，表示多方力量拉升的意愿不足，这样的形态即使最终形成向上突破，投资者也应该谨慎操作。

形态 53：突破楔形上边线

⟳ 技术特征

1. 在上涨趋势中，股价缩量回调，以楔形的形式不断震荡。之后，股价放量突破楔形上边线。

2. 这里的楔形左高右低，呈下降趋势。

这种走势即突破楔形上边线形态，如图 4-21 所示。

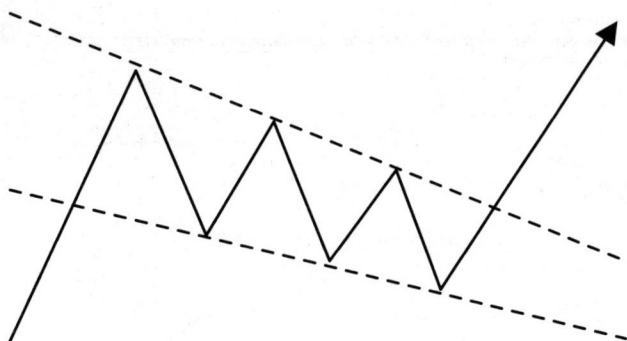

图4-21　突破楔形上边线

突破楔形上边线表明造成股价下跌的抛盘力量只是来自上升行情中的获利回吐，并没有出现新的空方力量进场。经过震荡整理后，股价继续上涨的可能性较大。

出击买点 ⟩　　　股价放量突破时。

➲ 经典案例

　　如图 4-22 所示，在经过一波上涨走势之后，从 2018 年 11 月中旬到 2019 年 1 月初，正源股份（600321）缩量回调，以下降楔形的形式不断震荡。1 月 4 日，该股股价向上突破楔形上边线，买点出现。

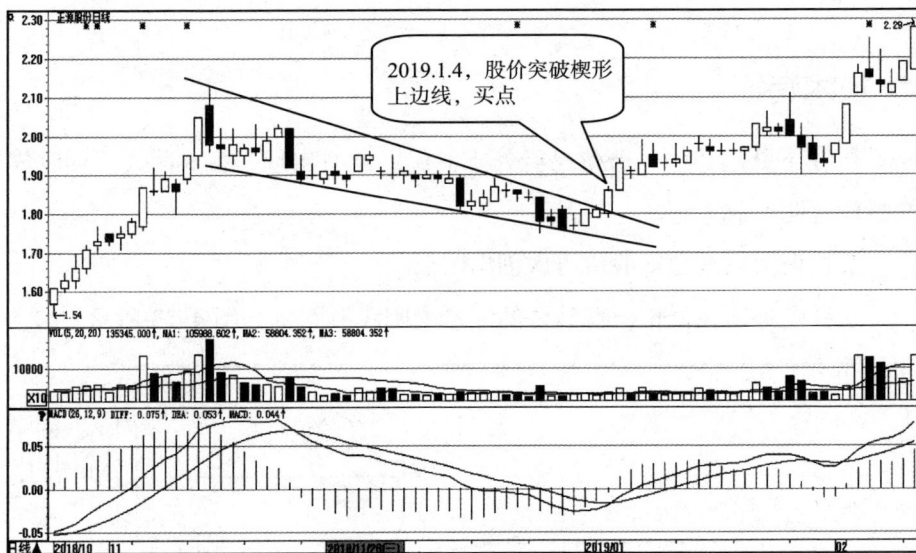

图4-22　正源股份日K线

实战提高

　　1. 投资者买入之后，可以将楔形上边线当作止损位。

　　2. 在股价缩量回调的过程中，为更加精准地把握买点，投资者可以结合其他技术指标进行综合性的研判。

形态 54：在低位出现破位的缩量大阴线

➲ 技术特征

1. 在下跌趋势中，股价已经处于低位，此时出现一根大阴线，同时成交量没有明显放大。

2. 这根大阴线使得股价再次创出新低。

这种走势即在低位出现破位的缩量大阴线形态，如图 4-23 所示。

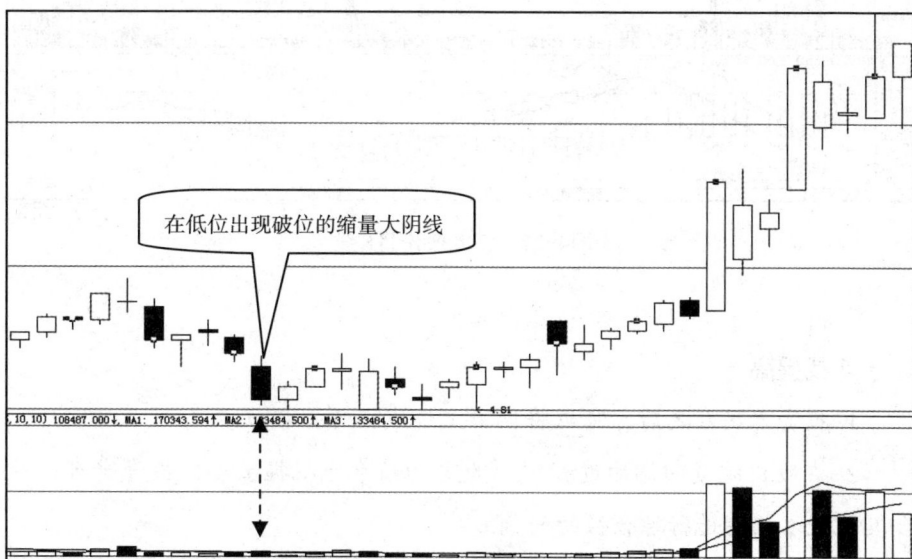

图4-23　在低位出现破位的缩量大阴线

在低位出现破位的缩量大阴线，表明下跌动能正在"回光返照"，之后上涨动能将逐步占据主导地位，股价有较大可能出现一波上涨走势。

出击买点　　　　该形态出现后，若股价 K 线组合出现明显的反转形态，则买点出现。

● 经典案例

如图 4-24 所示，2017 年 1 月 16 日，东宝生物（300239）出现低位的破位缩量大阴线，发出看涨信号。1 月 19 日，该股在低位出现低位锤子线的看涨信号，更增加了上涨意义的可靠性，买点出现。

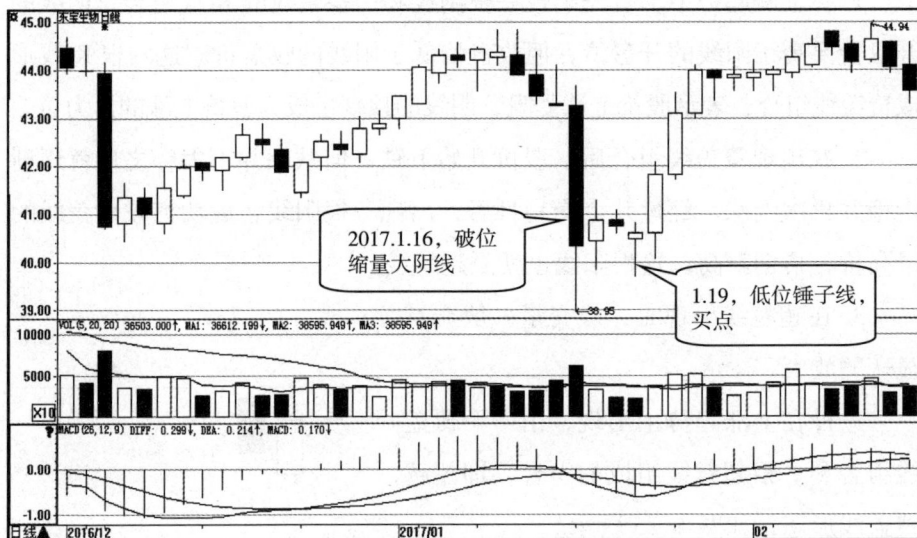

图4-24　东宝生物日K线

实战提高

1. 该形态的上涨意义并不是特别强烈，所以需要其他反转形态配合，以增加买入信号的可靠性。

2. 该形态出现之后，股价有可能会再次创下新低，但一般不会再出现加速下跌走势。

形态 55：超越覆盖线

➲ 技术特征

1. 在上涨趋势中，首先出现一根阳线和一根阴线的 K 线组合，阴线的开盘价要高于阳线的开盘价，但收盘价低于阳线的收盘价。这两根 K 线形成覆盖线组合，表示股价上涨受阻，阴线的顶端也成为股价上涨的压力位。

2. 在出现覆盖线组合后，股价开始下跌，但跌幅并不大，之后就逐渐走稳并再次上涨。经过几个交易日后，出现一根阳线，成功突破覆盖线的最高价，再创新高，这根阳线也就是超越线。

3. 在超越线出现时，成交量一般会有显著的放大。

这种在上涨趋势中出现，由一个覆盖线组合和一根超越线组成的组合，即超越覆盖线形态，如图 4-25 所示。

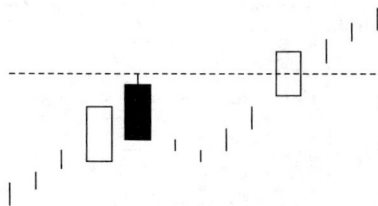

图4-25 超越覆盖线

超越覆盖线表示股价涨到一定阶段后出现调整压力，之后出现突破的阳线则表示股价结束调整，将持续强势。

出击买点 ➡ 超越覆盖线形态出现后，若股价不跌破覆盖线的最高点，则买点出现。

➲ 经典案例

如图 4-26 所示，在经历了连续的上涨之后，从 2019 年 1 月 25 日至 2 月

20 日，恒丰纸业（600356）出现超越覆盖线形态，发出看涨信号。第二个交易日，即 2 月 21 日，该股股价出现十字线，没有跌破覆盖线最高点，买点出现。

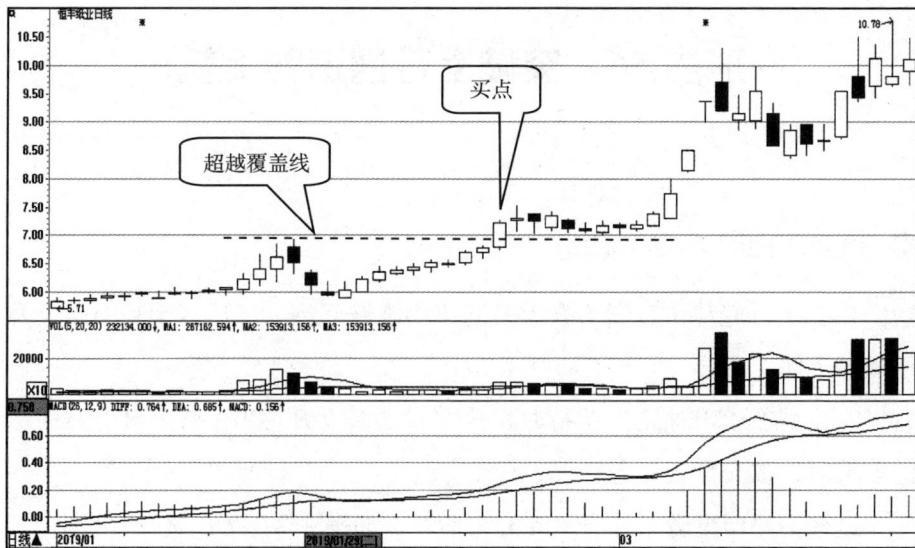

图4-26　恒丰纸业日K线

实战提高

1. 首先出现的覆盖线组合是一个明显的卖出信号，这时很多投资者可能会卖出股票。但是当出现超越线，股价再创新高后，之前卖出股票的投资者应该果断将股票买回，避免踏空后市行情。

2. 超越覆盖线形态的止损位在该形态的最高价上。这个价位一旦被突破就会变成股价继续上涨的支撑位，股价再次回调到这个位置时会获得支撑。但是如果股价跌破支撑位，则表示向上突破失败，按照此形态买入的投资者应该尽快卖出股票。

3. 超越线的实体部分越长，成交量越大，则表示多方反攻越有力，看涨信号的强度也就越强。

形态 56：突破上升通道的上轨

➲ 技术特征

1. 在上升趋势中，股价在上升通道中涨跌互现。之后，走势突破上升通道的上轨。

2. 走势在上升通道中运行时，成交量缓缓上升。当走势突破上升通道的上轨时，成交量会显著放大。

这种走势即突破上升通道的上轨形态，如图 4-27 所示。

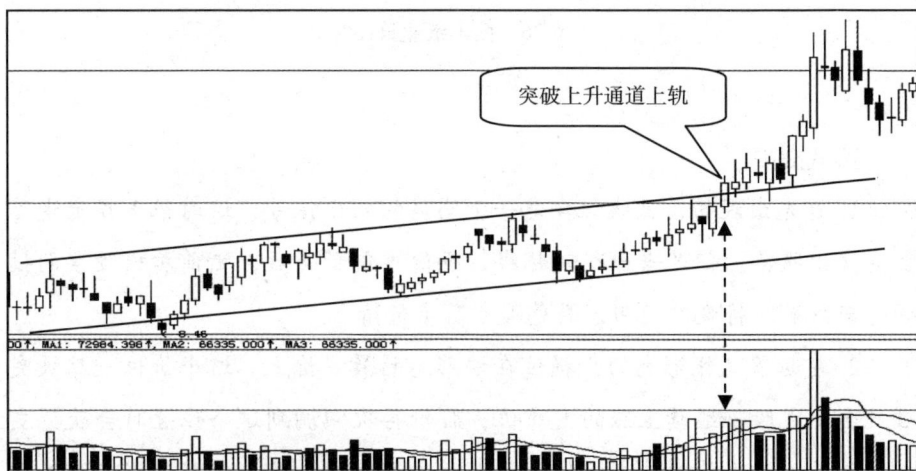

图4-27　突破上升通道的上轨

突破上升通道上轨，表明上涨动能极为强劲，股价接下来将有一波加速上涨走势。

出击买点　　股价突破上升通道上轨时。

◌ 经典案例

如图 4-28 所示，从 2018 年 11 月至 2019 年 2 月，振华重工（600320）一直在上升通道里缓缓上涨，显示出该股较强的上涨动能。2 月 25 日，股价放量突破上升通道的上轨，表明该股即将出现一波加速上涨走势，投资者可积极买入。

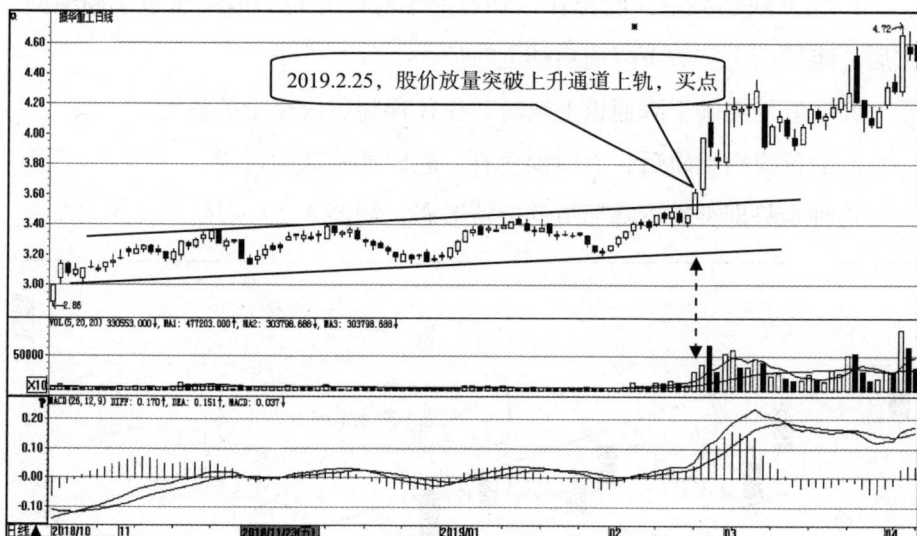

图4-28　振华重工日K线

实战提高

1. 股价在缓缓上涨后，突然放量突破上升通道上轨，之后往往是一波急剧上涨的走势，甚至以多个涨停板的形式出现。

2. 该形态的出现，往往伴随着各种利好消息，投资者可以适当关注，以提升综合研判的能力。

形态 57：突破下降通道的上轨

⊃ 技术特征

1. 在下跌趋势中，股价在下降通道中涨跌互现，成交量也不断缩减。之后，走势向上突破下降通道的上轨。

2. 在股价突破下降通道上轨时，往往伴随着成交量的放大。

3. 股价突破上轨后，有时候会有一股回抽确认的过程。

这种走势即突破下降通道的上轨形态，如图 4-29 所示。

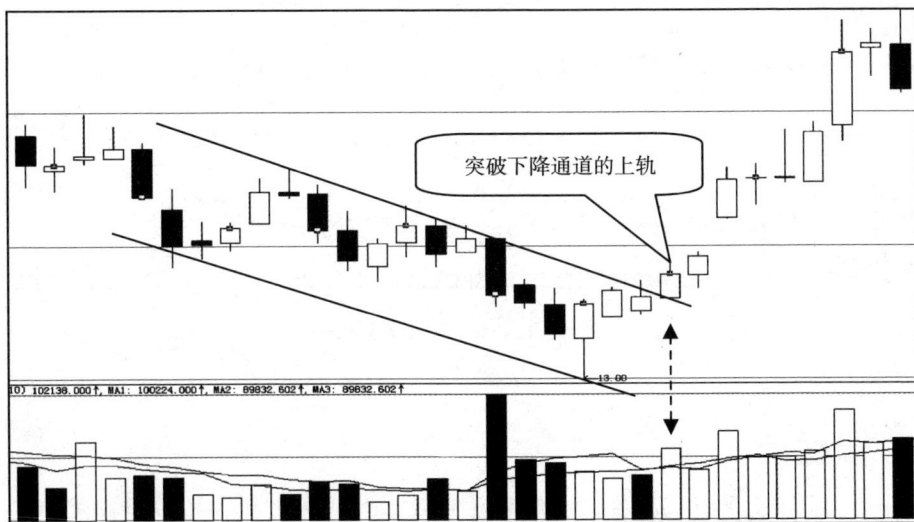

图4-29　突破下降通道的上轨

突破下降通道的上轨，表明空方动能逐步削弱，多方开始占据主动，市场已经由下跌趋势转为上涨趋势。

出击买点1　股价放量突破下降通道上轨时。

出击买点2　股价回抽确认时。该买点并不一定会出现。

➲ 经典案例

如图 4-30 所示，从 2019 年 9 月初至 11 月底，天通股份（600330）一直在下降通道中缓缓下跌，同时成交量也不断缩减。12 月 2 日，该股股价放量突破下降通道的上轨，买点出现。

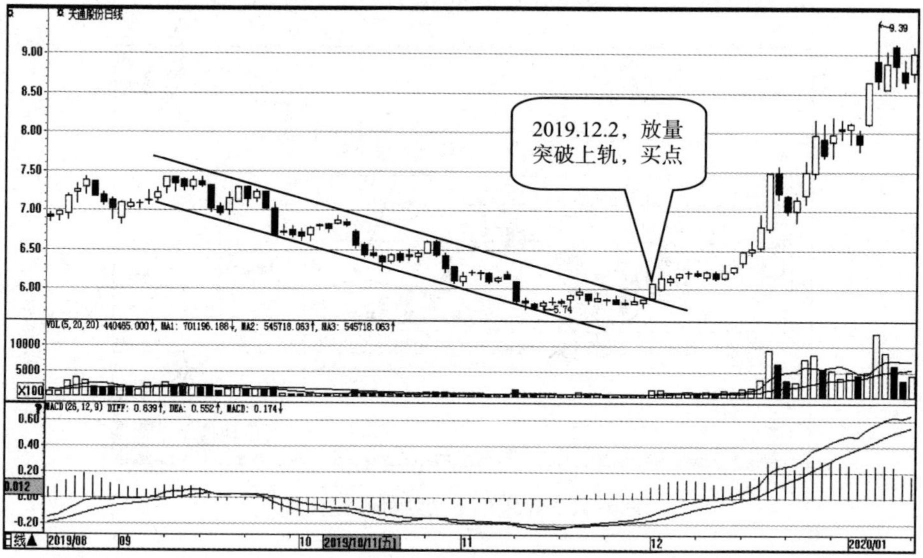

图4-30　天通股份日K线

实战提高

突破下降通道上轨的同时，其他技术指标往往也会发出看涨信号。

形态 58：在矩形下边线处止跌回稳

➲ 技术特征

1. 股价以矩形形态不断震荡，当触及矩形下边线时，受到支撑作用止跌回稳。

2. 股价止跌回稳时成交量略有放量，但整体成交量仍然较低。

这种走势即在矩形下边线处止跌回稳形态，如图 4-31 所示。

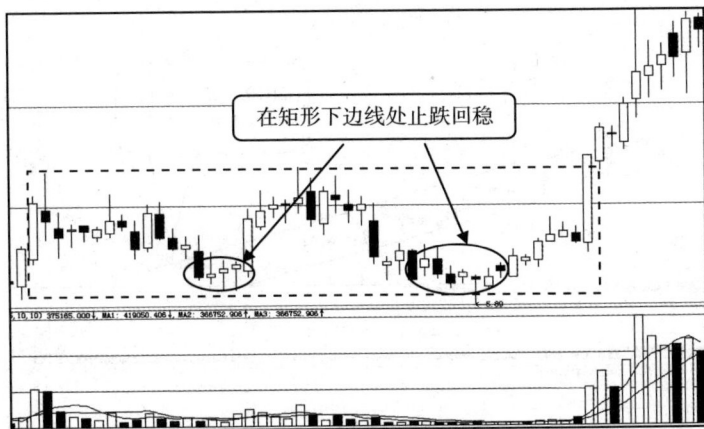

图4-31　在矩形下边线处止跌回稳

当确定走势的性质为震荡走势时，就可以在这个过程中通过高抛低吸的方式获利。股价在矩形下边线处止跌回稳，就表明上涨动能较强，股价在短期内将出现一波上涨走势，直至受到矩形上边线的阻力而回落。

出击买点　　该形态出现时，投资者可以积极买入。

⊃ 经典案例

如图 4-32 所示，从 2019 年 9 月至 11 月，汇顶科技（603160）以矩形形态不断震荡，同时伴随着较低的成交量。在这个过程中，股价出现多次在矩形下边线处止跌回稳的形态。11 月 26 日，股价在矩形下边线处止跌回稳，买点出现。2020 年 1 月 10 日，股价向上突破矩形上边线，另一个买点出现。

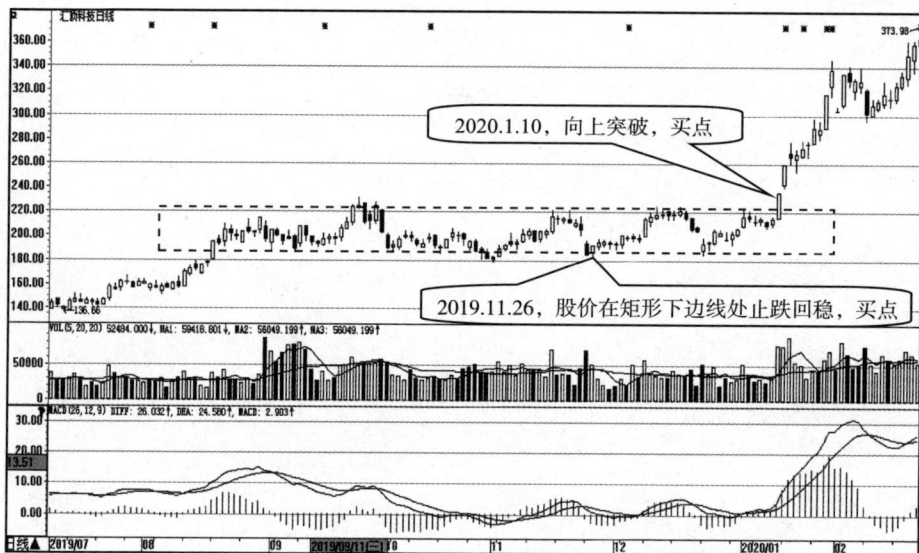

图4-32　汇顶科技日K线

实战提高

1. 该买点出现在震荡走势中，出现的时间极短，之后的上涨走势持续时间也较短，所以投资者要运用短线操作的思路，快进快出。

2. 投资者在实战中，要注意观察震荡走势的震荡幅度。如果震荡幅度较大，则买点的利润率较高，经过多次操作，就可以积小胜为大胜。

3. 在震荡走势中操作，投资者要注意结合使用超买超卖类技术指标，以提高买点的精准性。

第 5 章

技术指标的买入形态

形态 59：均线形成多头排列

⊃ 技术特征

1. 在股价横盘整理过程中，其短期均线、中期均线持续纠缠在一起。

2. 整理一段时间后，短期均线向上突破了中期均线，中期均线也向上突破了长期均线。K线图上的三条均线从上到下依次为短期均线、中期均线和长期均线，这就形成了均线的多头排列，如图 5-1 所示。

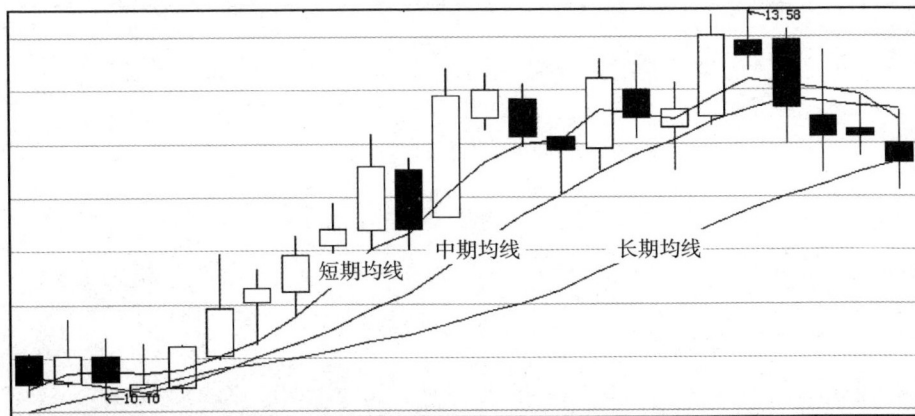

图5-1　均线多头排列

均线多头排列是股价处于上涨行情中的信号。

出击买点 ➡　当均线的多头排列完成时，买点出现。

➔ 经典案例

如图 5-2 所示，2020 年 4 月，皇马科技（603181）的短期均线、中期均线和长期均线纠缠在一起。在反复纠缠过程中，短期均线先后突破长期均线和中期均线。5 月 18 日，中期均线又突破了长期均线，均线的多头排列形成，这说明股价进入上涨行情，买点出现。

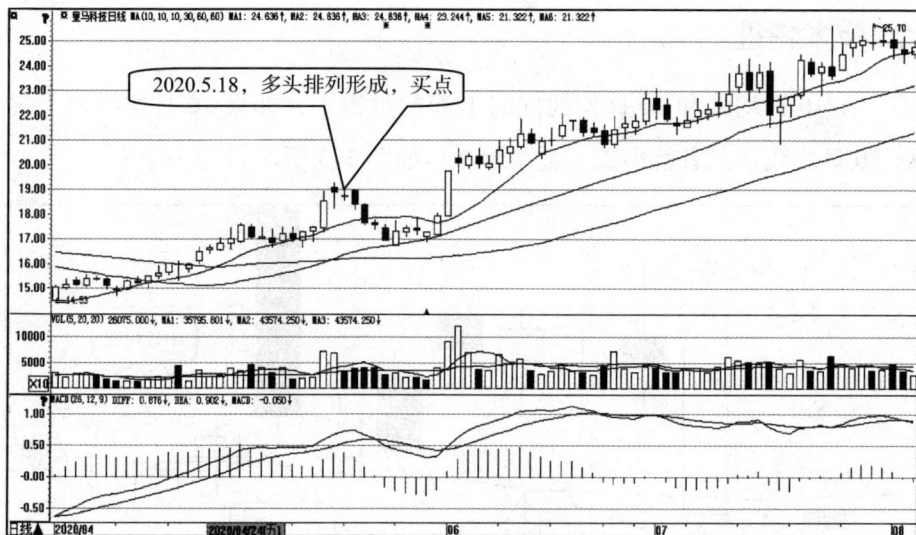

图5-2　皇马科技日K线

实战提高

1. 多头排列的形成可能是以短期均线突破中期均线为标志，也可能是以中期均线突破长期均线为标志。

2. 本例中以 10 日均线、30 日均线和 60 日均线作为短期、中期和长期的均线。在实际操作中，投资者也可以根据自己的习惯适当修改。常用的均线组合还有 5 日、10 日、30 日均线组合，13 日、34 日、55 日均线组合等。

3. 一旦短期均线跌破中期均线，或者中期均线跌破长期均线，多头排列的形态就被破坏了，此时按照这个信号买入的投资者应该卖出股票。

形态 60：10 日均线与 30 日均线金叉

➲ 技术特征

在 10 日均线和 30 日均线同时上涨的过程中，如果 10 日均线向上突破 30 日均线，二者就形成了金叉形态，如图 5-3 所示。

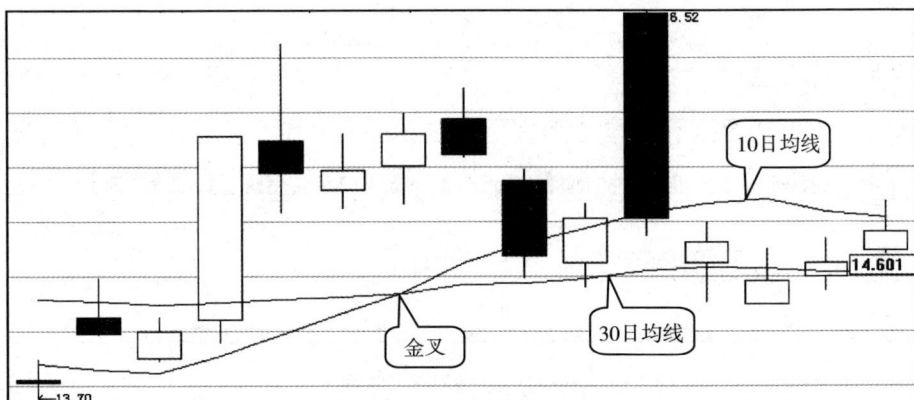

图5-3　10日均线与30日均线金叉

在金叉形成过程中，首先 10 日均线和 30 日均线同时向上，表示当前市场处于上涨趋势中。而 10 日均线向上突破 30 日均线，则表示股价短期内的上涨速度已经超过中期的上涨速度，这是股价正在加速上涨的信号。

出击买点　当金叉形成时，买点出现。

⊃ 经典案例

如图 5-4 所示，2019 年 12 月 17 日，网达软件（603189）的 10 日均线和 30 日均线形成了金叉形态。这个形态说明，在上涨行情中，股价短期的上涨速度超过中期上涨速度，是股价将加速上涨的信号。

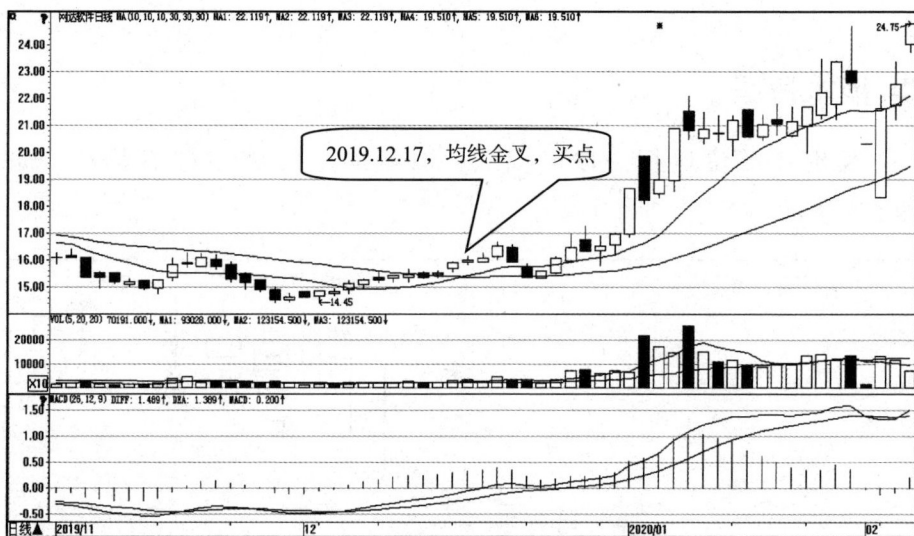

图5-4　网达软件日K线

实战提高

1. 如果 10 日均线上穿 30 日均线时 30 日均线正在下跌，则说明中期来看股价上涨行情并不明朗，这并不是强烈的看涨信号。

2. 如果均线金叉的同时成交量放大，则该形态的看涨信号会更加强烈。

3. 除了 10 日均线和 30 日均线外，其他周期均线的金叉也可以作为看涨信号，常用的均线组合有 5 日、10 日均线，13 日、21 日均线等。

形态 61：向上突破 60 日均线

➲ 技术特征

股价在低位运行一段时间后，放量向上突破了 60 日均线，如图 5-5 所示。

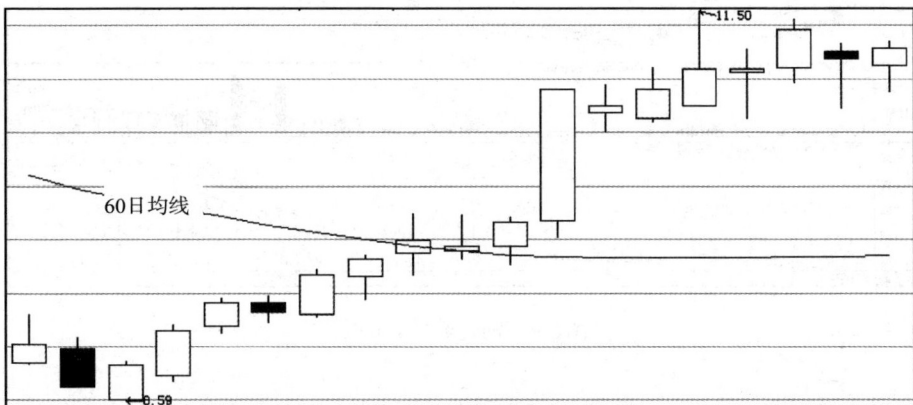

图5-5　向上突破60日均线

投资者可以将 60 日均线看作是 60 个交易日以来市场上所有买入股票投资者的平均持股成本。当股价运行在 60 日均线下方时，这条均线会对股价上涨形成较大压力。而一旦股价突破这条压力线，未来将有较大上涨空间。因此这是一个看涨买入信号。

出击买点 ➡　当股价突破 60 日均线时，买点出现。

⊃ 经典案例

如图 5-6 所示，2019 年 12 月 2 日，快克股份（603203）股价放量突破 60 日均线的压力位，显示出极强的上涨动能，这说明未来股价将有较大的上涨空间，买点出现。

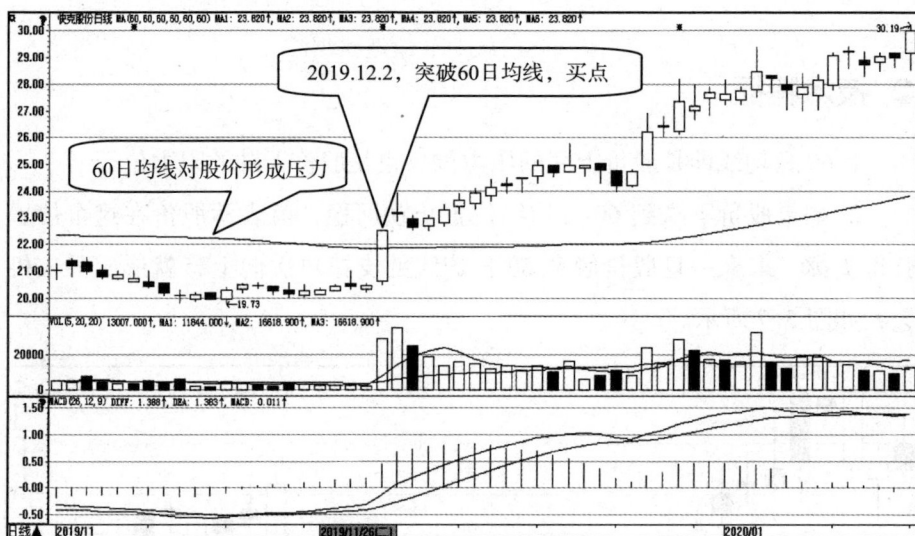

图5-6　快克股份日K线

实战提高

1. 股价一旦突破 60 日线，这条均线就会由压力线变成支撑线。未来股价下跌到这条均线位置时还有可能会见底反弹。

2. 股价突破的同时如果成交量同步放大，则该形态的看涨信号会更加强烈。

3. 除 60 日均线外，实战中投资者也可以使用 30 日均线、122 日均线等指标作为参考。

形态 62：在 60 日均线处止跌回稳

⊃ 技术特征

1. 60 日均线即是股价上涨的压力位，也是股价下跌的阻力位。

2. 如果股价下跌到 60 日均线位置止跌回稳，就表示股价在这个位置获得支撑。未来一旦股价脱离 60 日均线的支撑再次向上，就形成买入机会，如图 5-7 所示。

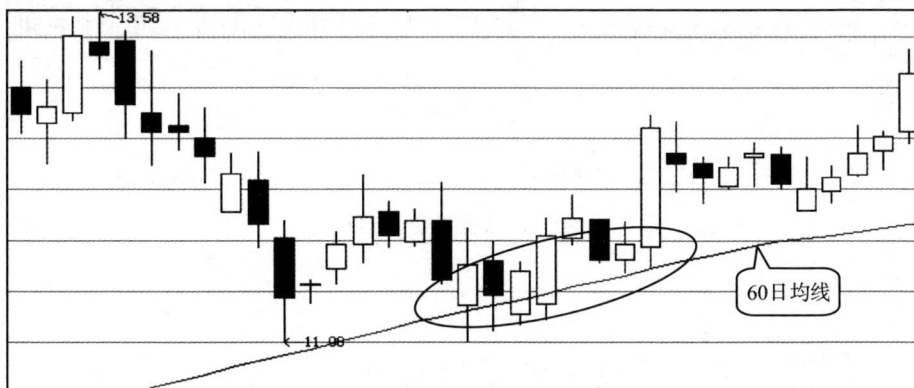

图5-7　股价在60日均线处止跌回稳

股价可能在 60 日均线位置获得支撑后马上上涨，也可能在 60 日均线位置整理一段时间后才上涨，因此投资者最好等到股价完全脱离 60 日均线位置后再买入股票。

出击买点　当股价脱离 60 日均线支撑再次向上时，买点出现。

⊃ 经典案例

如图 5-8 所示，2020 年 7 月 28 日，大业股份（603278）股价下跌到 60 日均线位置获得支撑，同时 K 线形成旭日东升形态，这是股价将见底反弹的信号。当股价脱离 60 日均线支撑再次上涨时，买点出现。

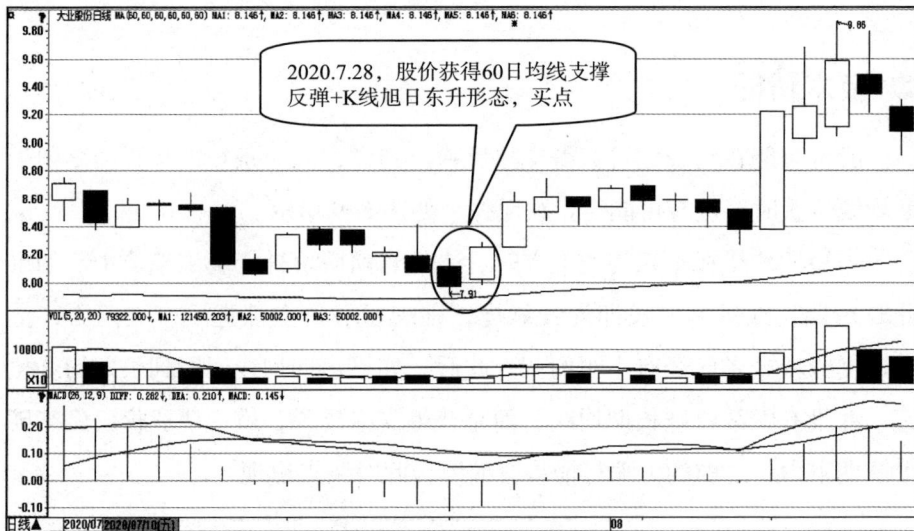

图5-8　大业股份日K线

实战提高

1. 当股价在 60 日均线位置获得支撑的同时，这条均线最好持续上涨。如果这时 60 日均线下跌，则表示长期来看股价仍处于下跌行情中，此时该形态就不能被当作强烈的看涨信号。

2. 如果股价在 60 日均线位置获得支撑之前股价缩量下跌，而在之后获得支撑上涨时成交量放大，则该形态的看涨信号会更强烈。

3. 除 60 日均线外，实战中投资者也可以使用 30 日均线、122 日均线等指标作为参考。

形态 63：长期均线对短期均线构成支撑

➲ 技术特征

　　股价可能在均线位置获得支撑反弹。同样，当一条短期均线回落到长期均线位置时，也有可能会止跌反弹，如图 5-9 所示。

　　当短期均线在长期均线上方时，表示当前股价处于上涨趋势中。如果此时短期均线迅速向长期均线靠拢，则表示股价上涨遇到较大阻力，上涨速度减慢或者已经有小幅回调。此后，如果短期均线回调到长期均线位置，并没有继续跌破长期均线，而是获得支撑反弹，就说明股价已经突破了前期阻力，之前的上涨行情将会继续，此时买点出现。

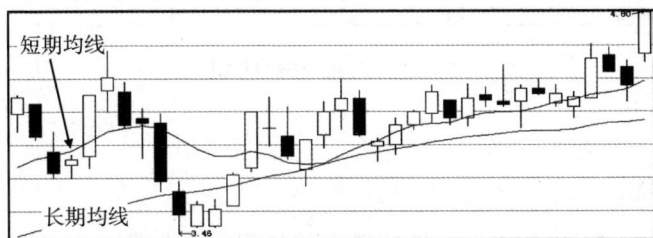

图5-9　长期均线对短期均线构成支撑

出击买点　　当短期均线在长期均线位置获得支撑时。

➲ 经典案例

　　如图 5-10 所示，2020 年 6 月，浦发银行（600000）的 10 日均线在

30 日均线上方并且逐渐向 30 日均线靠拢，这个形态说明股价上涨遇到阻力。而在 K 线图中可以明显看出来，这段时间的 K 线明显遇阻回调。7 月 1 日，10 日均线在 30 日均线上获得支撑后再次向上，这个形态说明之前的阻力被突破，未来上涨行情还将继续，此时买点出现。

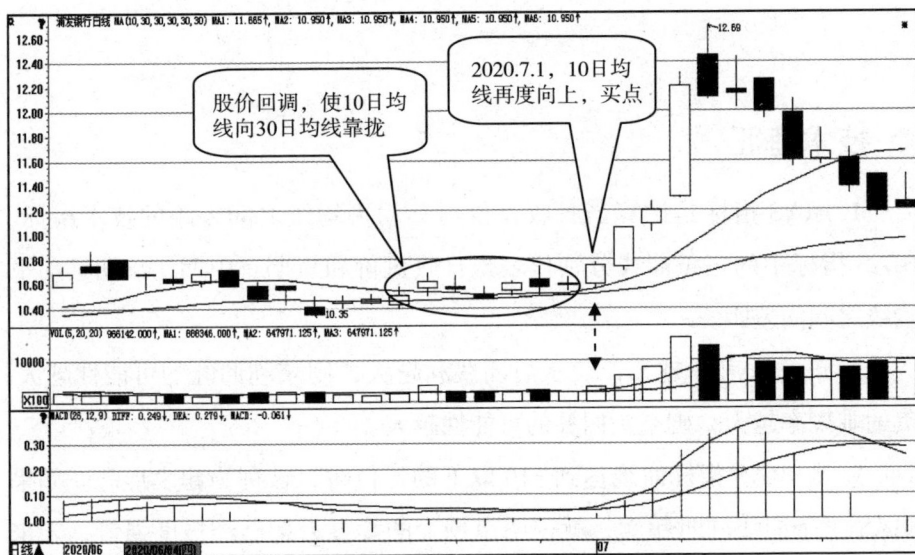

图5-10　浦发银行日K线

实战提高

1. 短期均线在长期均线位置获得支撑反弹的形态多数都出现在持续上涨过程中股价小幅回调时，这是股价将结束回调继续上涨的信号。

2. 短期均线在获得支撑时可能短暂跌破长期均线，只要跌破的幅度不深且持续时间不长，投资者就仍然可以认定短期均线在长期均线上方获得有效支撑。

3. 除了 30 日均线和 60 日均线的组合外，投资者也可以使用其他周期的均线组合做参考，常用的均线组合有 10 日、30 日均线，34 日、55 日均线等。

形态 64：BIAS 三条曲线同时超卖

➲ 技术特征

1. BIAS 指标是计算当日收盘价与移动平均线之间差距的技术指标。BIAS 指标中的三条曲线分别代表当日收盘价和短期、中期、长期移动平均线之间的差距。

2. 正的乖离率越大，表示短期获利越大，则获利回吐的可能性越大；负的乖离率越大，则空头回补的可能性越大。

3. 当 BIAS 指标曲线达到 −10 以下的低位时，被称为超卖形态。如果 BIAS 三条曲线同时超卖，就说明市场上的卖方力量已经极度强势，未来股价有见底反弹的可能，如图 5-11 所示。

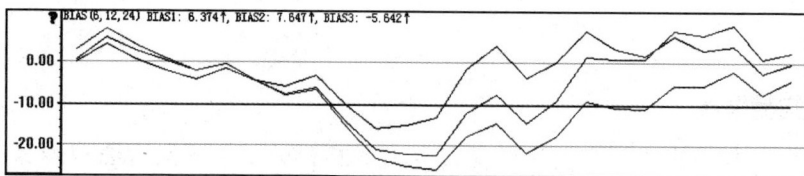

图5-11　BIAS三条曲线同时超卖

出击买点1　　当 BIAS 曲线中有一条反弹到 −10 以上时，就说明卖方强势的行情即将结束，形成第一个买点。

出击买点2　　如果 BIAS 的三条曲线均反弹到 −10 以上，就说明卖方强势的行情已经完全结束，形成第二个买点。

⊃ 经典案例

如图 5-12 所示，2018 年 10 月 12 日，一汽富维（600742）的三条 BIAS 指标线都跌破了 -10，这说明市场已经进入了卖方极度强势的超卖行情，此时股价有见底反弹的可能。10 月 16 日，BIAS 指标中的 BIAS1 曲线突破了 -10，这是卖方强势有所松动的信号，买点 1 出现。10 月 19 日，BIAS2 曲线也突破了 -10，此时 BIAS 指标的两条曲线均脱离超卖区域，这样的形态说明卖方极度强势的行情已经逐步结束，未来股价可能见底反弹，买点 2 出现。

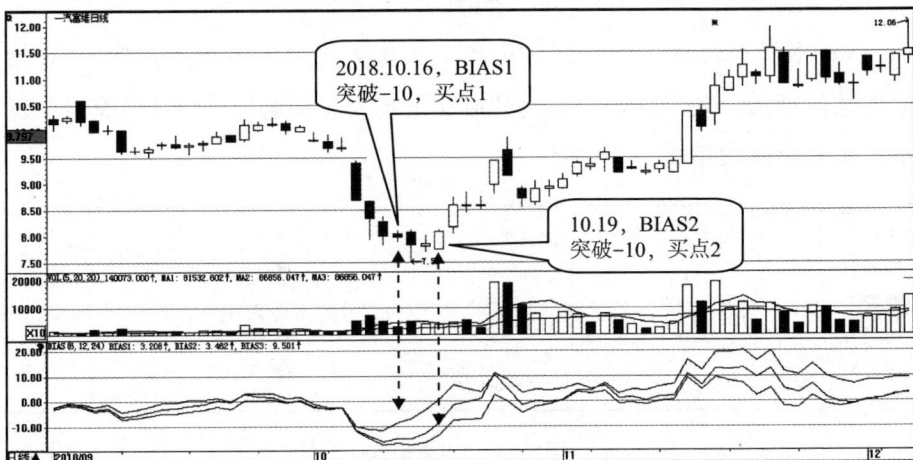

图5-12　一汽富维日K线

实战提高

1. 一般情况下，BIAS 指标值跌破 -10 时我们就可以认为市场上出现了超卖现象。不过对于一些波动十分剧烈的股票，投资者可以参考其历史行情，将 BIAS 超卖值适当调整到 -15 或者 -20。

2. BIAS 指标曲线脱离超卖区域只能说明卖方极度强势的行情已经结束，此时股价可能仍处于下跌行情中，因此按照这样的形态买入股票时，投资者应该适当保持谨慎。

形态 65：VR 突破 200

⇨ 技术特征

股票的 VR 指标线突破 200，如图 5-13 所示。

VR 指标是统计一段时间内市场上买卖人气强弱的技术指标。VR 指标的数值越大，表示股价上涨时的成交量越大，相对下跌时的成交量就越小，多方也就越强势。

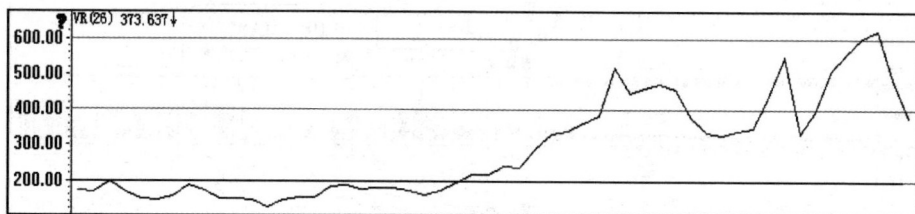

图5-13　VR突破200

当 VR 指标值突破 200 时，显示随着股价上涨，成交量不断放大，这是股价上涨形态十分健康、未来还可能会继续上涨的信号。

出击买点 ➤　　　当 VR 指标线突破 200 时，可以买入。

⇨ 经典案例

如图 5-14 所示，2020 年 4 月 27 日，五粮液（000858）的 VR 指标突破了 200。这个形态显示在之前的行情中，伴随着成交量的逐渐活跃，

股价的上涨十分稳健，这是上涨行情还将继续的信号，此时就形成了
买点。

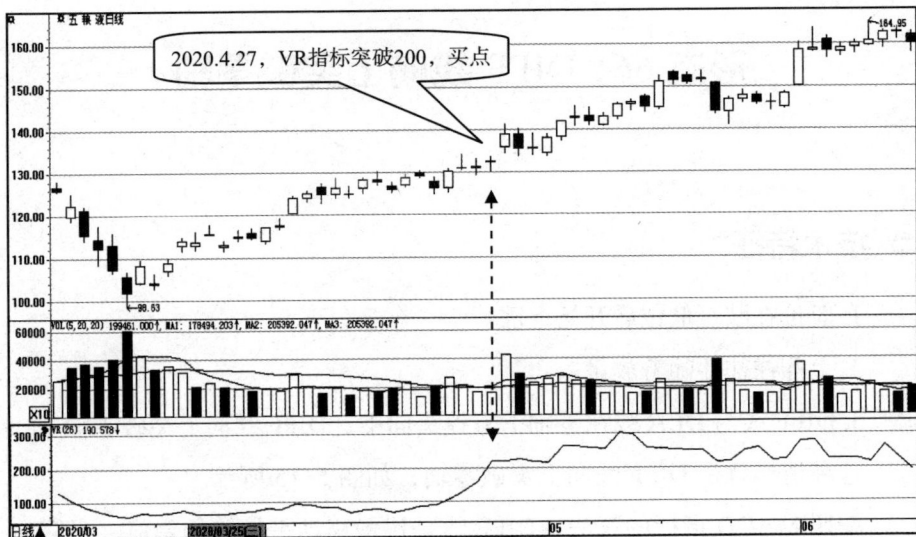

图5-14　五粮液日K线

实战提高

1. VR 指标突破 200 是股价由温和上涨行情进入强势上涨行情的信号。
这个信号出现之前，股价可能已经有了相当幅度的上涨，因此，按照这样
的形态买入后，投资者应该警惕股价见顶下跌的风险。

2. 当 VR 指标突破 400 后，说明多方力量已经过度强势，并且随着股
价上涨，成交量在顶部快速放大，这有可能是主力在顶部出货的信号，未
来股价有见顶下跌的风险，因此，投资者要保持谨慎。

形态 66：DIFF 线向上突破零轴

➲ 技术特征

1. 股价在跌至低位后开始上涨。

2. 上涨往往伴随着放量。

3. DIFF 线与 DEA 线在零轴下方掉头向上，DIFF 线向上突破零轴。

这种情形就是 DIFF 线向上突破零轴，如图 5-15 所示。

按照 MACD 指标的算法，DIFF 线是快慢移动平均线的差值，当它向上突破零轴，就说明两条均线出现了金叉，表明股价接下来仍将大概率持续上涨。

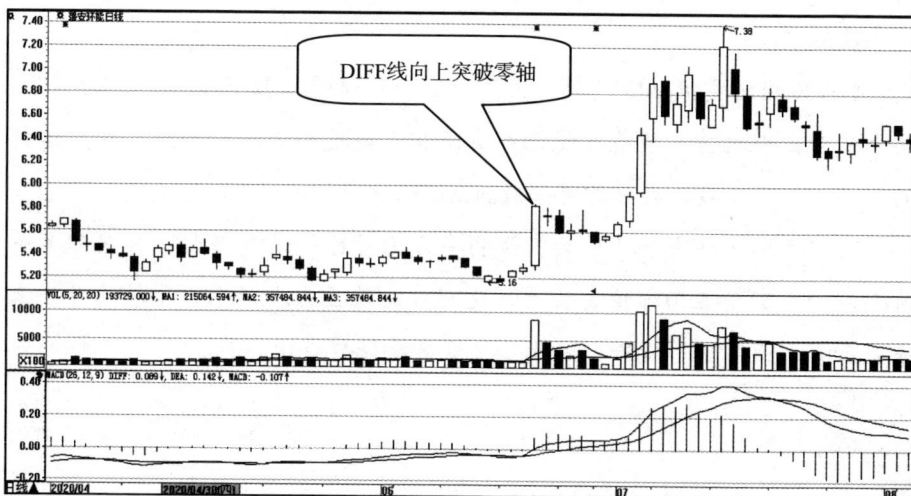

图5-15　DIFF线向上突破零轴

出击买点 ▶ DIFF 线向上突破零轴时，构成买点。

➲ 经典案例

如图 5-16 所示，2019 年 11 月中旬开始，科达制造（600499）在低位开始缓缓上涨。12 月 10 日，MACD 指标 DIFF 线向上突破零轴，买点出现。

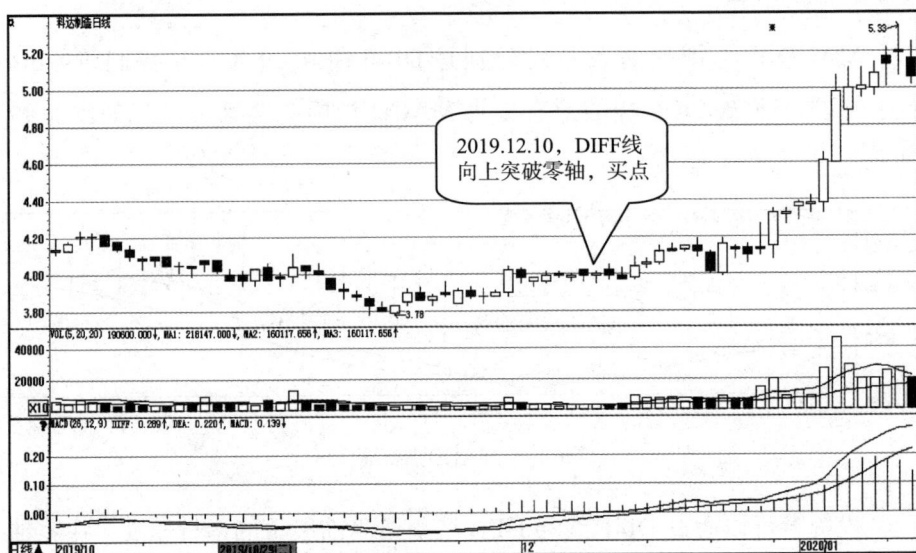

图5-16 科达制造日K线

实战提高

1. 理解本卖点，要了解 DIFF 线的本质。

2. 如果 DIFF 线向上突破零轴的同时存在放量情形，那么本买点的可靠性就大大增强。

形态 67: MACD 指标金叉

⊃ 技术特征

MACD 指标中的两条曲线分别是 DIFF 线和 DEA 线。我们将 DIFF 线自下向上突破 DEA 线的形态称为 MACD 指标的金叉形态，如图 5-17 所示。

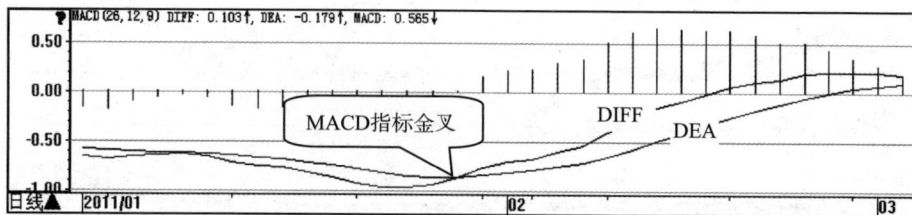

图5-17　MACD指标金叉

投资者可以通过 DIFF 线和 DEA 线衡量当前股价的运行速度。在零轴上方，DIFF 线和 DEA 线位置越高，说明当前股价上涨速度越快。在零轴下方，DIFF 线和 DEA 线的位置越低，说明当前股价下跌速度越快。

在两条曲线中，DIFF 线表示股价在短期内的运行速度，其波动频率较高；DEA 线表示股价长期内的运行速度，其波动频率较低。

当 MACD 指标金叉出现在零轴下方时，表示当前股价虽然处于下跌趋势中，但短期内的下跌速度已经慢于长期的下跌速度，这是股价已经进入下跌行情尾端，并且即将见底反弹的信号。

当 MACD 指标金叉出现在零轴上方时，说明当前股价已经处于上涨趋势中，且短期内的上涨速度已经快过长期的上涨速度，这是股价在上涨过程中遇阻回调，并且即将结束回调继续上涨的信号。

当 MACD 指标金叉出现在零轴位置时，说明当前股价正由下跌趋势转为上涨趋势，且上涨速度有加快趋势，这是股价将反转上涨的信号。

出击买点 当 DIFF 线突破 DEA 线时，买点出现。

⊃ 经典案例

如图 5-18 所示，2018 年 10 月 30 日，中信海直（000099）的 MACD 指标在零轴下方完成金叉，这是股价止跌企稳并反弹的信号，此时买点出现。

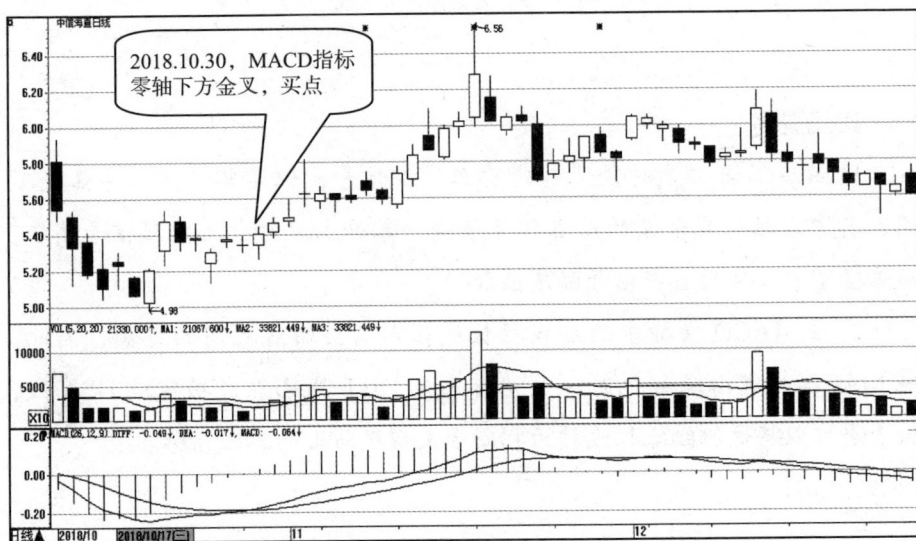

图5-18 中信海直日K线

如图 5-19 所示，2020 年 6 月 18 日，天健集团（000090）MACD 指标的两条曲线在零轴位置形成了金叉形态，这个形态说明股价正在由下跌行情进入上涨行情，而且上涨速度有加快的趋势，这是一个很好的买入时机。

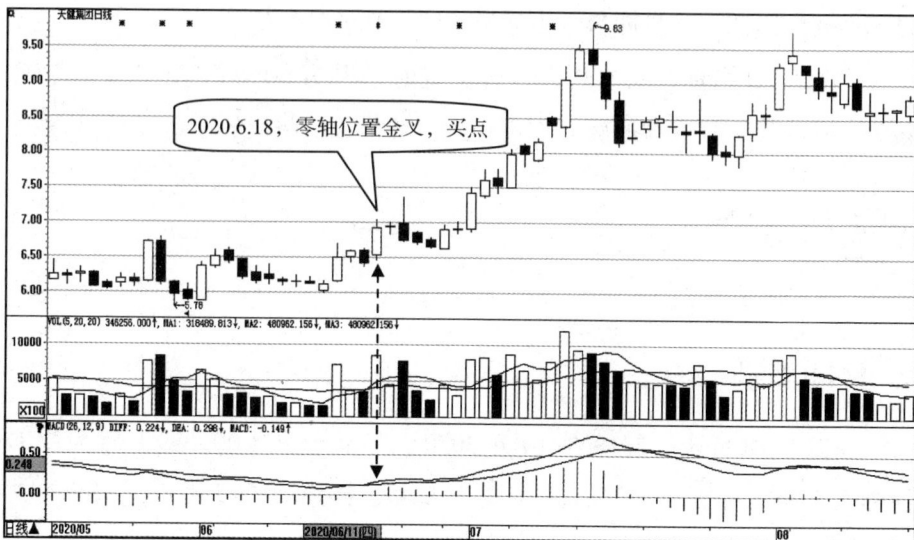

图5-19　天健集团日K线

实战提高

1. 虽然不同位置的金叉都是看涨买入信号，但是其看涨信号强度不同，其中零轴位置金叉的看涨信号最强，零轴上方的金叉看涨信号稍弱，而零轴下方金叉的看涨信号强度最弱。

2. 在 MACD 指标中的红绿柱状线表示两条曲线之间的差额，因此，当 MACD 柱线由绿翻红时，也就标志着 DIFF 线已经成功突破 DEA 线，投资者可以将这组红绿柱线作为判断金叉形成与否的参照指标。

形态 68：MACD 指标与股价底背离

⊃ 技术特征

在持续下跌的行情中，如果股价连续创出新低，而位于零轴下方的
MACD 绿色柱线没有创出新低，就形成的 MACD 指标与股价的底背离形
态，如图 5-20 所示。

图5-20　MACD柱线和股价底背离

在 MACD 指标中的红色和绿色柱线被称为 MACD 柱线。这组柱线的数
值为 DIFF 线减去 DEA 线之差的两倍。指标值为正时，显示为零轴上方的
红色柱线；指标值为负时，显示为零轴下方的绿色柱线。

投资者可以将 MACD 柱线理解为描述股价涨跌内在动能的指标。当

MACD 柱线是位于零轴上方的红色柱线时，红色柱线越长，表示股价上涨的动能越强。当 MACD 柱线是位于零轴下方的绿色柱线时，绿色柱线越长，表示股价下跌的动能越强。

在股价持续下跌，连创新低的同时，如果 MACD 指标的绿色柱线没有创新低，就表示随着股价下跌，下跌的内在动能正在逐渐减弱，这是股价将见底反弹的信号。

出击买点 ▶ 当背离形态确定时，可以买入。

⇨ 经典案例

如图 5-21 所示，2020 年 4 月底，庄园牧场（002910）MACD 指标形成柱线与股价底背离形态，表明市场上涨动能开始积聚，股价有较大可能出现一波上涨走势。4 月 30 日，K 线形成低位孕育形态，再加上 MACD 柱线与股价底背离的形态，这个买入信号叠加在一起，更增加了上涨意义的可靠性，投资者可以果断买入。

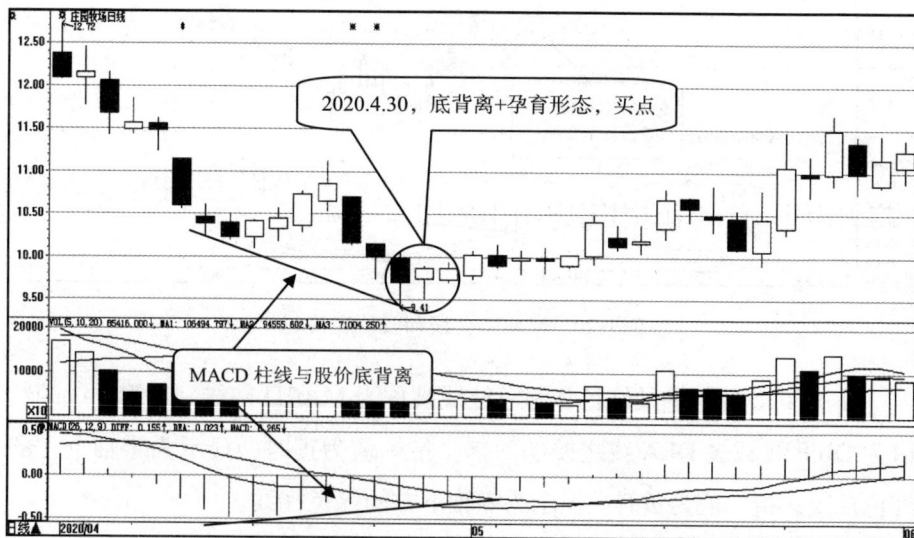

图5-21　庄园牧场日K线

实战提高

1. 底背离过程中，MACD 柱线可能一直是绿线，也可能中间会短暂翻红，这并不影响该形态的看涨信号。

2. 确定 MACD 柱线和股价背离完成的方法有很多种，常用的包括利用 DIFF 线和 DEA 线的金叉来辅助判断，或者看 MACD 的柱线变红且逐渐变长时，即表示 MACD 柱线和股价背离完成。

3. MACD 指标中的 DIFF 曲线和股价也可能会形成底背离形态，这样的形态表示股价下跌的速度正在变慢，同样是看涨买入信号。

形态 69: DIFF 线与股价底背离

➲ 技术特征

在持续下跌的行情中，如果股价连续创出新低，而 MACD 指标 DIFF 线没有创出新低，就形成 DIFF 线与股价的底背离形态，如图 5-22 所示。

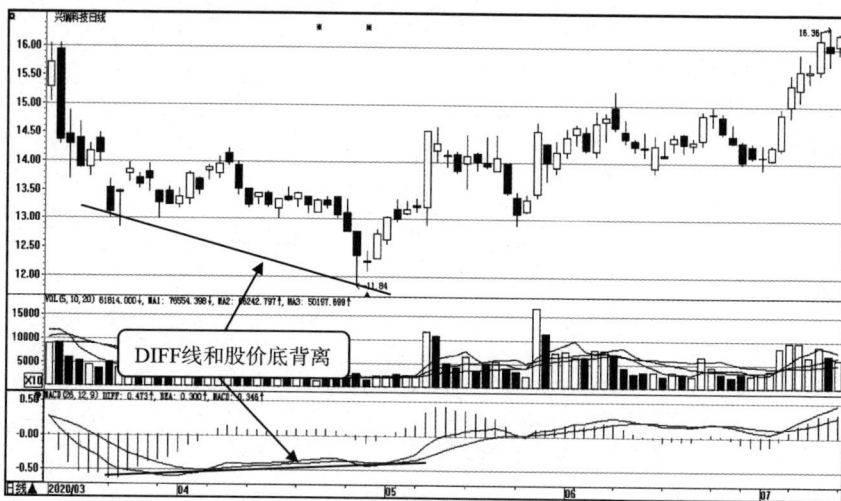

图5-22　DIFF线和股价底背离

当 MACD 指标 DIFF 线与股价出现底背离时，说明股价的上涨动能开始增强，发出买入信号。由于底背离是一个较宽泛的区域，因此投资者应结合诸如 K 线形态等来把握具体的买点。

出击买点 ➡ 　当 DIFF 线与股价底背离时，如果同时 K 线上也出现了某个见底形态，即构成买点。

148

⊃ 经典案例

如图 5-23 所示，2020 年 4 月底，兴瑞科技（002937）MACD 指标形成 "DIFF 线与股价底背离" 形态，表明市场上涨动能开始积聚，股价有较大可能出现一波上涨走势。4 月 30 日，K 线形成启明之星形态，再加上 DIFF 线与股价底背离的形态，这个买入信号叠加在一起，更增加了上涨意义的可靠性，投资者可以果断买入。

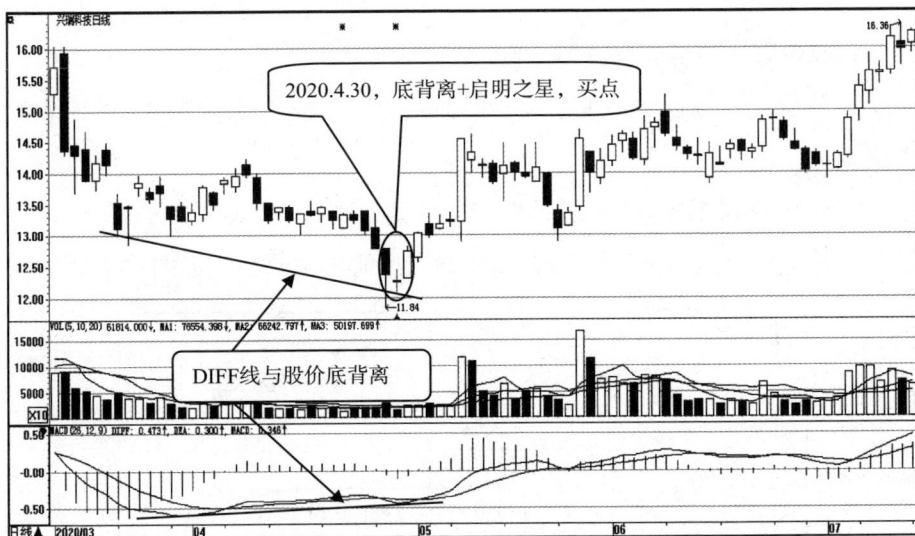

图5-23　兴瑞科技日K线

实战提高

1. 有时 DIFF 线与股价出现第一次底背离后，股价即开始见底回升；有时则需要出现多次底背离后，股价才会真正形成上涨趋势。

2. 为解决以上多次底背离的问题，投资者可以采取分批买入的策略，每次背离出现后均进行部分买入操作。如果某次底背离后，有其他迹象表明股价真正开始了上涨，那么投资者可以满仓操作。

形态 70：DIFF 线受 DEA 线的支撑再次向上

⊃ 技术特征

1. 股价在跌至低位后开始上涨。

2. 股价上涨过程中出现回调，但回调力度有限，之后继续延续原来的上涨走势。

3. MACD 指标中 DIFF 线回调，但受到 DEA 线的支撑而再次向上。

这种情形就是 DIFF 线受 DEA 线的支撑而再次向上，如图 5-24 所示。

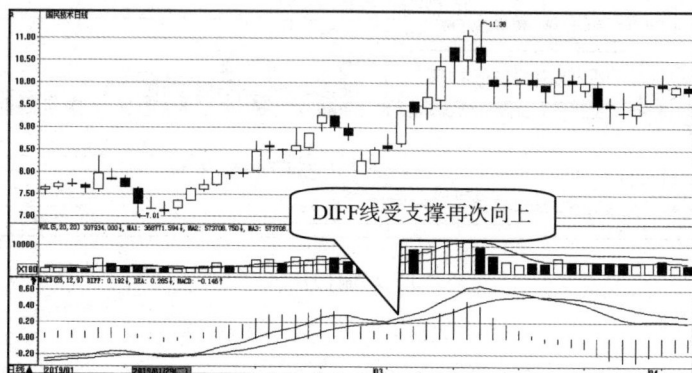

图5-24　DIFF线受DEA线支撑再次向上

DIFF 线受 DEA 线的支撑而再次向上，说明在股价回调过程中，回调动能有限，无法彻底反转走势，接下来股价将再次延续原来的上涨。当这个信号出现后，会引导更多的人买入，并使股价继续上涨。

出击买点

DIFF 线受 DEA 线支撑而再次向上时，构成买点。

➲ 经典案例

如图 5-25 所示，2020 年 6 月下旬，赤峰黄金（600988）脱离低位持续上涨，MACD 指标出现金叉。7 月 21 日，股价回调，DIFF 线也随之回调，但受 DEA 线的支撑而再次向上。这是上涨走势仍将延续的标志，买点出现。

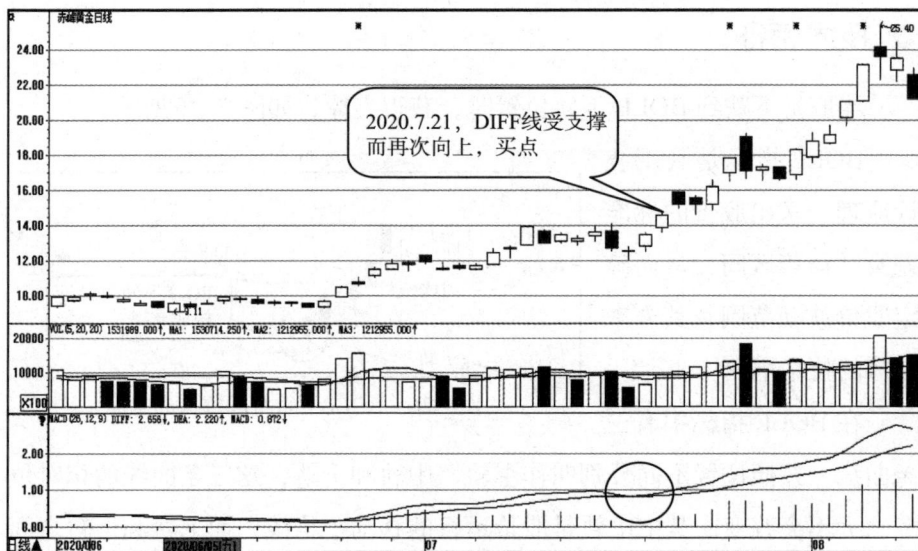

图5-25　赤峰黄金日K线

实战提高

1. DIFF 线受 DEA 线的支撑而再次向上前后，往往伴随着其他看涨信号，如 MACD 底背离，DIFF 线向上突破零轴等。

2. 要注意量的配合。

3. DIFF 线受 DEA 线支撑而再次向上，往往预示着一段新的上涨走势即将展开，投资者要注意把握这个买点，及时追入。

形态 71：BOLL 下轨对股价构成支撑

➋ 技术特征

当股价下跌到 BOLL 下轨位置时，获得支撑，如图 5-26 所示。

BOLL 指标是利用统计原理，求出股价的标准差及其信赖区间，从而确定股价波动范围及其未来走势的技术指标。

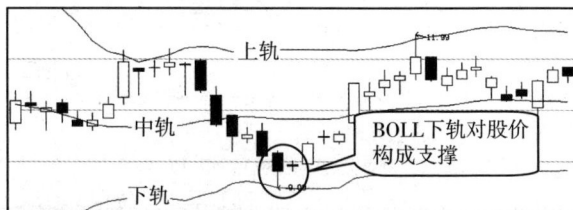

在 BOLL 指标中有三

图5-26　BOLL下轨对股价构成支撑

条曲线，按照位置不同分别叫作上轨、中轨和下轨，这三条曲线的相对位置永远不会改变。其中中轨是股价运行的移动平均线，而上轨和下轨之间的区间就是股价可能在其中运行的"信赖区间"。

在正常情况下，股价很少会脱离 BOLL 指标上轨和下轨之间的"信赖区间"运行。因此，当股价下跌到 BOLL 下轨位置时，往往会获得支撑反弹。

出击买点 ➤ 当股价在 BOLL 下轨位置获得支撑时，买点出现。

➋ 经典案例

如图 5-27 所示，2020 年 4 月 28 日，金融街（000402）股价回到 BOLL 线下轨，获得支撑反弹，同时 K 线形成锤子线形态。这是一个很好

的买入时机。2020 年 5 月 25 日，金融街股价再次下跌到 BOLL 下轨位置
获得支撑，同时 K 线形成旭日东升形态，显示出较强的上涨动能，这也是
一个很好的买点。

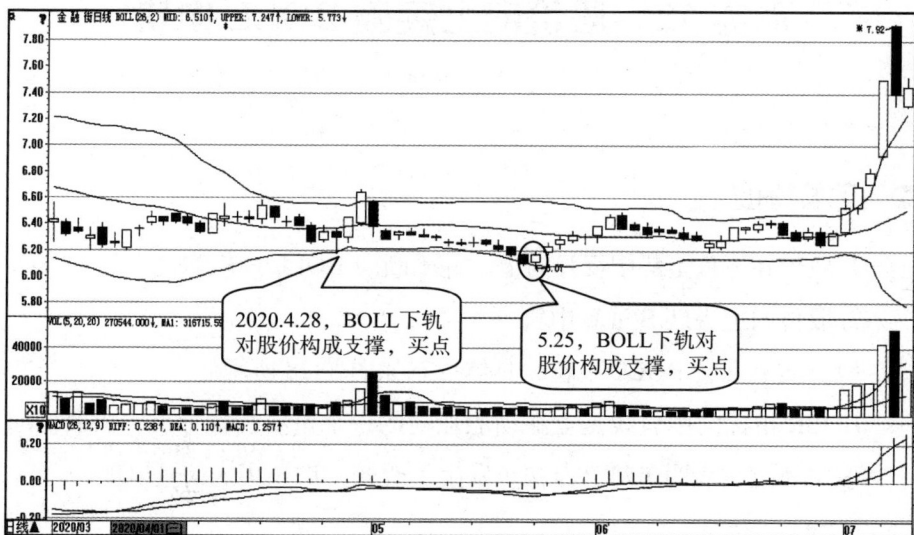

图5-27　金融街日K线

实战提高

1. 当股价快速下跌时，BOLL 下轨也可能会顺势向下移动，此时就会
出现股价沿 BOLL 下轨下跌的形态。此时虽然股价仍然在下轨位置获得支
撑，但股价可能会有较大跌幅，投资者在操作时要注意这种风险。

2. BOLL 中轨是股价的移动平均线，在实际操作时，这条曲线也可能
对股价形成较强的支撑作用。特别是在持续上涨行情中，股价可能会沿
BOLL 中轨和 BOLL 上轨之间的通道震荡上涨。

3. BOLL 下轨对股价构成支撑的形态属于一个短线买点，为了更好地
把握这个买点，投资者可以结合 KDJ 指标的低位金叉形态综合做出判断。

形态 72：股价向上突破 BOLL 中轨

➲ 技术特征

1. 股价在下跌走势中反弹向上，并不断向 BOLL 中轨靠拢。

2. 股价向上突破 BOLL 中轨。

股价向上突破 BOLL 中轨，具体形态如图 5-28 所示。

BOLL 指标的中轨线是上涨动能强弱的一个重要衡量标尺，当股价向上突破中轨时，表明走势已经初步发生了改变，市场买入信号出现。

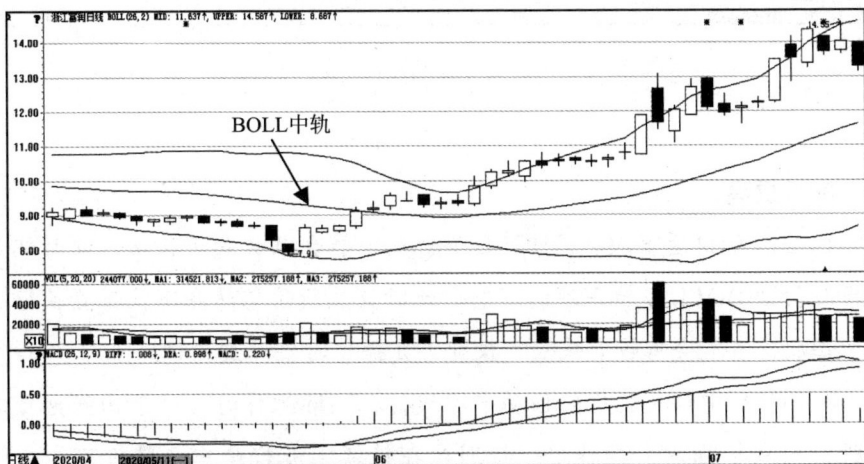

图5-28　股价向上突破BOLL指标

出击买点 ▷　当股价向上突破 BOLL 指标中轨时，构成买点。

● 经典案例

如图 5-29 所示，2019 年 12 月开始，当代文体（600136）股价开始反弹向上。12 月 9 日，股价向上突破中轨，表示上涨动能加大，买点出现。

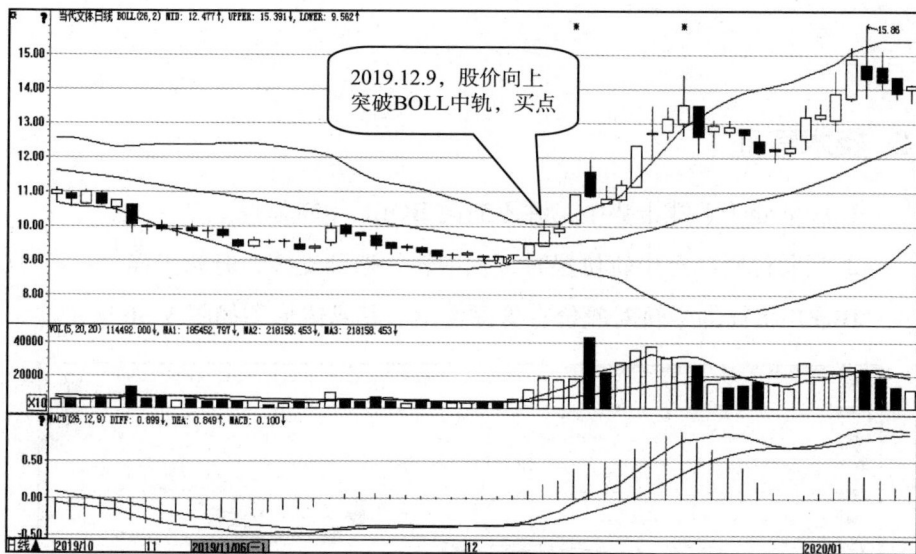

图5-29　当代文体日K线

实战提高

1. 股价向上突破中轨之前，通常会先在下轨处发出相应的买入信号，投资者要注意把握这个买点。

2. 股价向上突破中轨后可能会有一个回抽确认的过程，这是对上涨动能释放的验证，也算是一个买点。

3. 具体买入时机的把握，要结合低级别的 BOLL 指标综合判断，如60 分钟级别的 BOLL 指标。

形态 73：股价在 BOLL 中轨处得到支撑

⊃ 技术特征

1. 股价处于上涨走势中，并不断向 BOLL 中轨靠拢。

2. 当股价回调至中轨位置时，在中轨处遇到支撑，开始走强。

BOLL 指标的中轨对股价有支撑作用，其具体形态如图 5-30 所示。

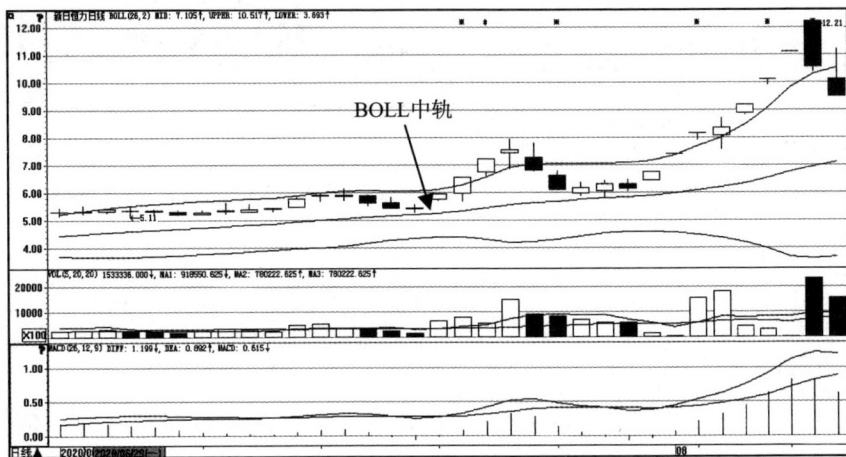

图5-30　BOLL指标中轨支撑

当股价在中轨处再次走强时，表明中轨的支撑得到验证，发出买入信号。

出击买点　当股价在 BOLL 指标中轨处开始走强时，构成买点。

⊃ 经典案例

　　如图 5-31 所示，2019 年 12 月初，在一段上涨趋势中，中国巨石（600176）出现了回抽走势，但股价在 BOLL 线中轨处得到支撑。当该股股价在中轨处走强时，买点出现。

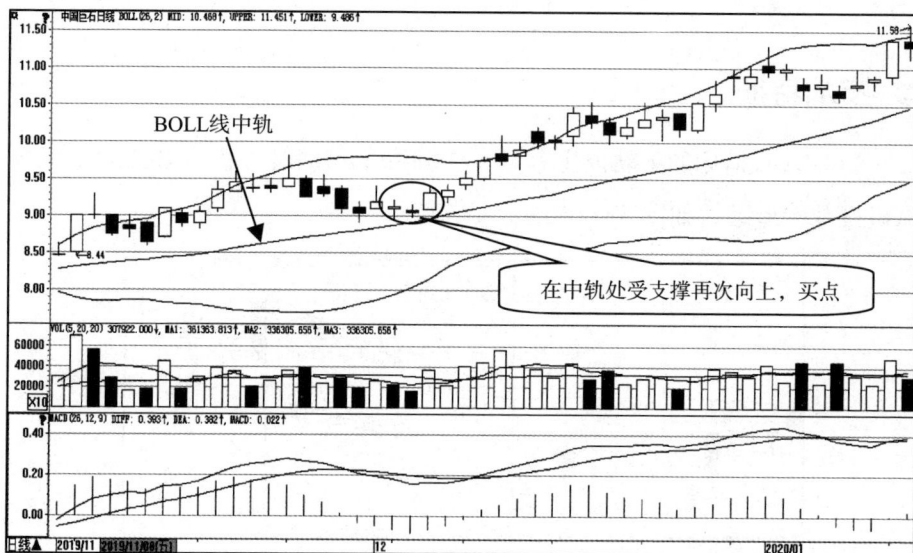

图5-31　中国巨石日K线

实战提高

　　1. 当中轨与股价运行方向不一致时，其支撑作用会更加明显。

　　2. 在上涨趋势中，如果股价出现弱势的回抽走势，那么往往会在中轨处得到支撑而再次向上。

　　3. 与下轨支撑买点一样，当股价在中轨处出现明显走强迹象时，表明中轨支撑作用得到验证，此时本买点方才有效。

形态 74: BOLL 喇叭口打开

➲ 技术特征

当 BOLL 指标的上轨向上移动，下轨向下移动时，称为 BOLL 指标喇叭口打开的形态，如图 5-32 所示。

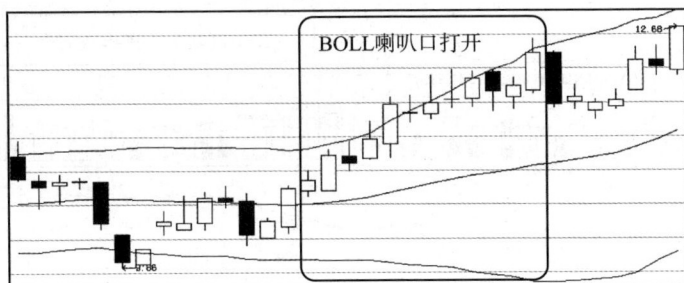

图5-32　BOLL喇叭口打开

BOLL 喇叭口打开说明股价的波动幅度逐渐变大，未来将会出现一波较大幅度的上涨行情或者下跌行情。当 BOLL 指标喇叭口打开的同时，如果股价处于 BOLL 中轨上方或者刚刚突破 BOLL 中轨，说明是股价上涨带来了 BOLL 喇叭口打开，未来股价将进入大幅上涨的行情。

出击买点 当 BOLL 喇叭口打开的同时，如果股价在 BOLL 中轨上方，就是买入时机。

➲ 经典案例

如图 5-33 所示，2020 年 7 月初，之前处在窄幅区间震荡的景峰医药

（000908）BOLL 指标的上轨向上移动，下轨向下移动，二者形成了喇叭口打开的形态，这个形态说明股价的波动幅度越来越大。在 BOLL 喇叭口打开的同时，股价向上突破了 BOLL 上轨，这说明是股价上涨造成了 BOLL 喇叭口打开，这是股价将开始一波大幅上涨行情的信号，买点出现。

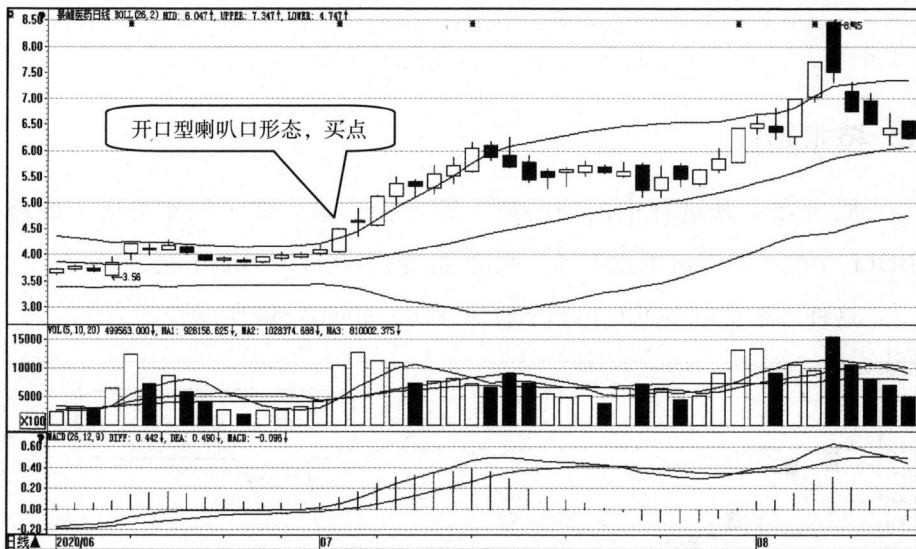

图5-33　景峰医药日K线

实战提高

1. BOLL 喇叭口打开只能说明股价波动幅度越来越大，未来股价将进入大幅上涨行情还是下跌行情，投资者需要借助股价相对于 BOLL 中轨的位置来辅助判断。

2. 随着 BOLL 喇叭口打开，股价可能会沿着 BOLL 上轨持续上涨，这是上涨行情十分强势的信号。

3. 按照这样的形态买入股票后，投资者可以将止损位设定在 BOLL 的中轨位置，如果股价跌破这个位置，说明上涨行情即将结束，此时投资者应该卖出手中的股票。

形态 75：BOLL 指标下轨底背离

● 技术特征

股价在下跌过程中出现两波下跌走势，第一波下跌走势向下跌破 BOLL 下轨，第二波下跌走势，股价无法向下跌破 BOLL 下轨。

这种形态就是 BOLL 指标下轨底背离，如图 5-34 所示。

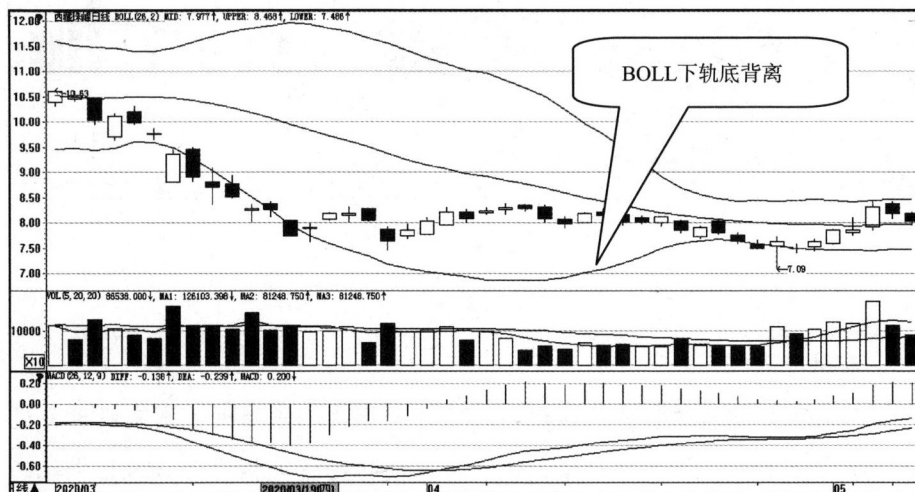

图5-34　下轨底背离

BOLL 指标下轨底背离，表明市场下跌动能已经明显减弱，股价在 BOLL 指标下轨处得到了相当强的支撑。接下来，股价有较大可能转势，由下跌趋势转为上涨趋势。

出击买点   底背离＋下轨附近上涨信号出现时，构成买点。

➲ 经典案例

如图 5-35 所示，2020 年 3 月至 4 月，宁沪高速（600377）出现一波下跌趋势，末期 BOLL 指标下轨形成底背离形态。4 月 2 日，K 线形成锤子线形态，同时股价也在 BOLL 指标下轨得到支撑，买点出现。

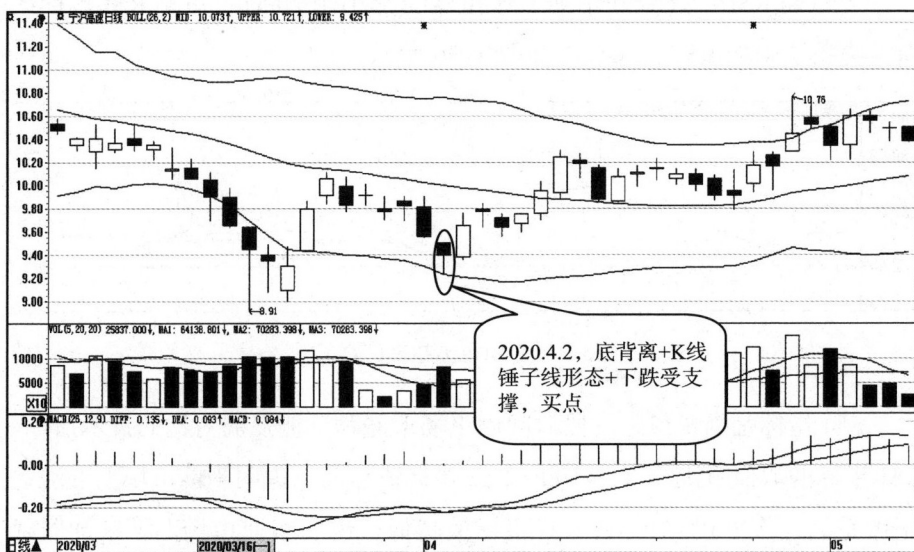

图5-35 宁沪高速日K线

实战提高

1. 股价连续多次跌破下轨是下跌动能强劲的表现，如果第二波下跌走势无法跌破下轨，要注意上涨趋势的形成。

2. 该形态最好结合其他买入信号综合分析，尤其是下轨附近的 K 线形态，要关注其买入形态的出现。

形态 76：RSI 指标超卖后出现金叉

➲ 技术特征

当短期 RSI 指标线和中期 RSI 指标线都小于 20 时，短期 RSI 指标线向上突破了中期 RSI 指标线，如图 5-36 所示。

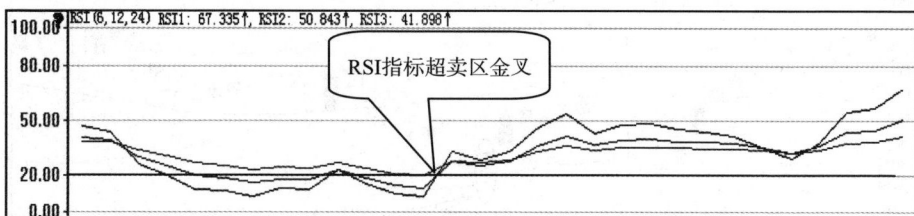

图5-36　RSI指标超卖区金叉

RSI 指标是衡量最近一段时间内市场上涨跌动能强弱对比的技术指标。RSI 指标的取值范围在 0 ～ 100。RSI 指标值越高，说明当前市场上上涨动能越充足，多方优势越大；RSI 指标值越低，说明当前市场上下跌动能越充足，空方优势越大。

当 RSI 指标值小于 20 时，就进入了超卖区域，这种形态说明当前市场上的打压股价下跌的空方力量极度强势，不过这种强势行情可能难以持续。

一般情况下，炒股软件中的 RSI 指标都包括三条指标线，分别表示当前市场上短期、中期和长期的涨跌动能对比。当短期的 RSI 指标线突破中期 RSI 指标线时，说明市场上推动股价上涨的多方力量正在增强。如果这种形态出现在 20 以下的超卖区域，则是股价将见底反弹的信号。

出击买点 　　当短期 RSI 在超卖区突破中期 RSI 时，买入时机出现。

⊃ 经典案例

　　如图 5-37 所示，2018 年 10 月中旬，黄河旋风（600172）股价经过一波加速下跌后，其 RSI 指标的两条指标线跌到了 20 以下的超卖区域，这说明当前市场上的空方力量已经较为强势，但这种不正常的空方强势行情可能难以持续。10 月 19 日，RSI 指标的两条指标线开始掉头向上突破 20 的超卖区间，同时形成了低位金叉，这是空方力量衰退、多方力量开始增强的信号，买点出现。

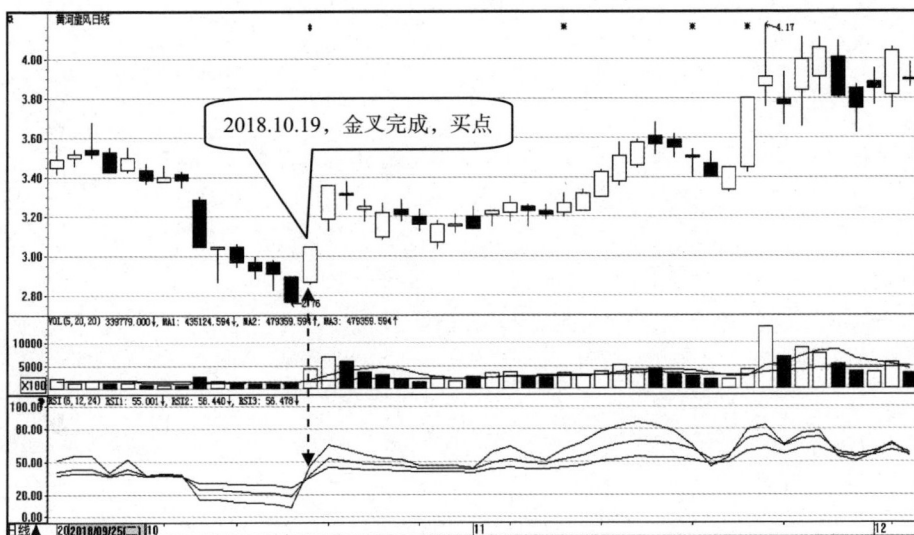

图5-37　黄河旋风日K线

实战提高

　　1. 实战中，RSI 指标超卖区域的金叉主要由短期和中期两条 RSI 指标线完成。按照常用的参数设定，长期 RSI 指标线很少会回落到 20 下方的超卖区域。

2. RSI 指标波动幅度较大，可能金叉完成后的一个交易日，两条指标线已经上涨到了比较高的位置，因此，只要在金叉出现前一个交易日两条指标线位于 20 下方，投资者就可以认定这是超卖区域金叉。

3. 不同股票的超卖区间范围可能略有不同，例如一些股价波动幅度较大的小盘股，可能 RSI 值跌破 10 才算是进入超卖状态；而对于一些股价波动幅度较小的大盘股价，可能 RSI 值跌破 30 就已经算是进入了超卖状态。在具体操作时，投资者可以结合股票过去 RSI 指标的走势确定不同的超卖标准。

形态 77：RSI 指标与股价底背离

➲ 技术特征

在股价持续下跌过程中，如果股价连续创出新低，而 RSI 指标线没有创出新低，二者就形成了底背离的形态，如图 5-38 所示。

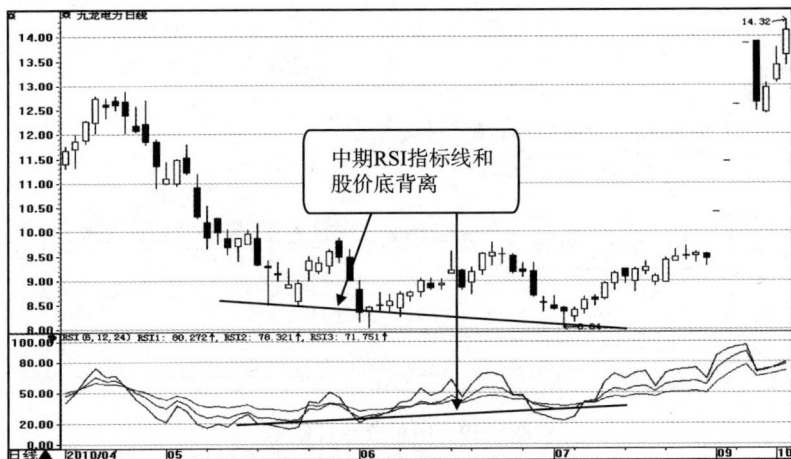

图5-38　RSI指标和股价底背离

RSI 指标可以体现出市场上买卖人气的强弱程度。在股价持续下跌过程中，如果 RSI 指标线不创新低，就说明虽然股价还在下跌，但市场上的卖方人气正逐渐减弱，买方人气增强，因此这是一个看涨买入信号。

出击买点　　当 RSI 指标线和股价的背离形态确定时，买点出现。

⊃ 经典案例

如图 5-39 所示，2018 年 12 月下旬至 2019 年 1 月下旬，中再资环（600217）的短期 RSI 指标线和股价形成了底背离形态。这个形态说明虽然股价还在下跌，但市场上的卖方人气正逐渐减弱，买方人气增强，是一个看涨买入信号。2019 年 2 月 1 日，股价在底部形成看涨吞没的 K 线形态。RSI 指标线与股价底背离后形成 K 线看涨形态，投资者要注意把握这个买点。

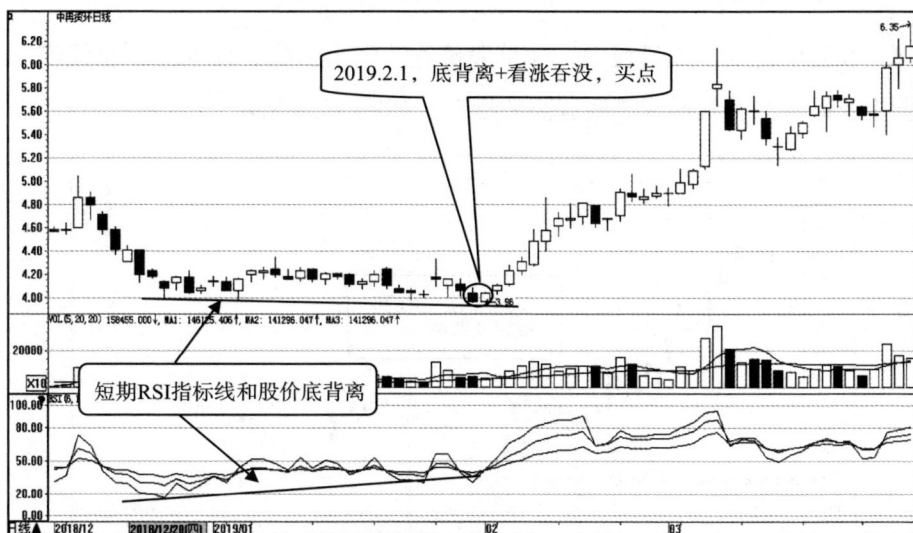

图5-39　中再资环日K线

实战提高

1. 投资者可以使用多种方法来确定 RSI 指标和股价的背离形态完成，例如 RSI 的长期指标线突破 50，或者股价突破了前次回调的高点。

2. 在 RSI 指标和股价背离的形态中，我们用到的 RSI 指标线可能是短期 RSI 指标线、中期 RSI 指标线或者长期 RSI 指标线。三者中比较常用到的是短期 RSI 指标线或者中期 RSI 指标线，长期 RSI 指标线和股价背离的形态不太常见。

形态 78：CCI 指标突破 100

➲ 技术特征

CCI 指标在持续上涨过程中突破了 100，如图 5-40 所示。

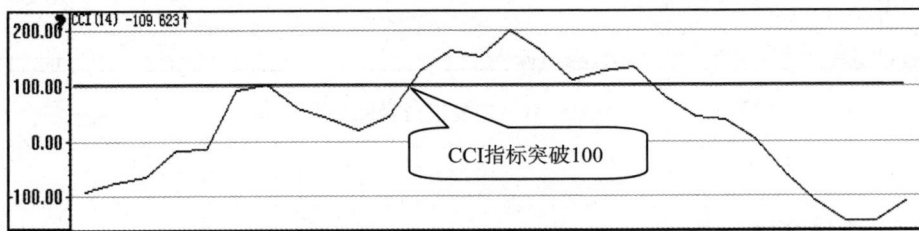

图5-40　CCI指标突破100

CCI 指标是统计当前交易价格相对于股价平均区间偏离程度的技术指标。当 CCI 指标位于 -100 ～ 100 时，显示当前股价处于常态波动区间中。当 CCI 指标大于 100 时，显示股价进入了超常态的上涨区间，这是看涨买入信号。

出击买点　　当 CCI 指标突破 100 时，买点出现。

➲ 经典案例

如图 5-41 所示，2020 年 7 月 1 日，华夏银行（600015）的 CCI 指标向上突破了 100，这个形态说明股价进入了超常态的上涨区间，此时买点出现。

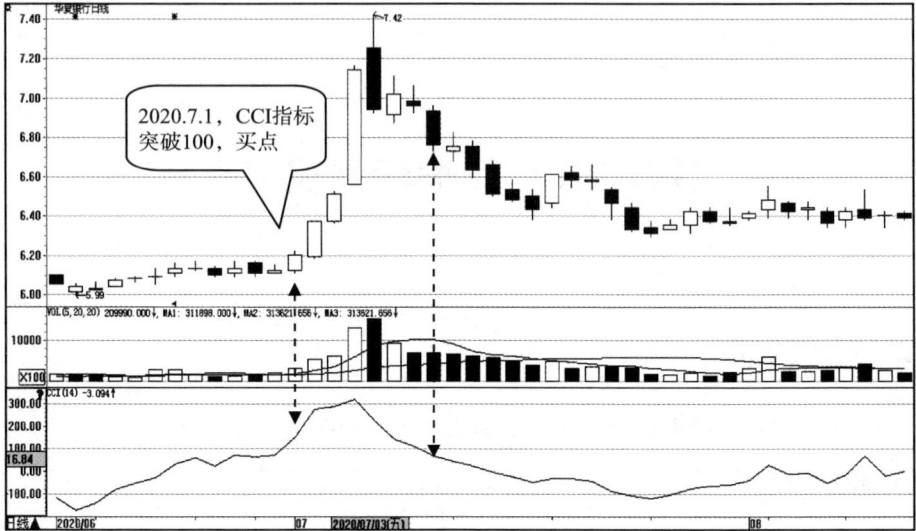

图5-41　华夏银行日K线

实战提高

1. 如果 CCI 指标突破 100 的同时成交量也大幅放大，该形态的买入信号会更加可靠。

2. CCI 指标突破 100 属于短线操作信号。当 CCI 指标再次跌回 100 下方时，说明上涨行情可能已经结束，股价将进入整理区间，是卖出股票的信号。

3. CCI 指标属于超卖超卖类技术指标，不过这个指标与常见的 KDJ、RSI 等超买超卖指标有所不同。KDJ、RSI 等指标都有 0 ～ 100 的上下界限，当股价出现暴涨或暴跌行情时，这些指标会出现钝化的现象。而 CCI 指标的波动范围无穷大，也就不会出现钝化的现象，因此，在暴涨暴跌行情中，CCI 指标要比 KDJ、RSI 等指标更加准确。

形态 79：OBV 指标突破长期横盘区间

➲ 技术特征

OBV 指标先是在一个很小的区间长期横盘整理超过三个月，之后指标线突破了横盘整理的高点，开始持续上涨，如图 5-42 所示。

OBV 指标是以每日成交量大小和股价涨跌为基础计算出来的技术指标，通过 OBV 指标，投资者可以推断市场上的交易气氛。

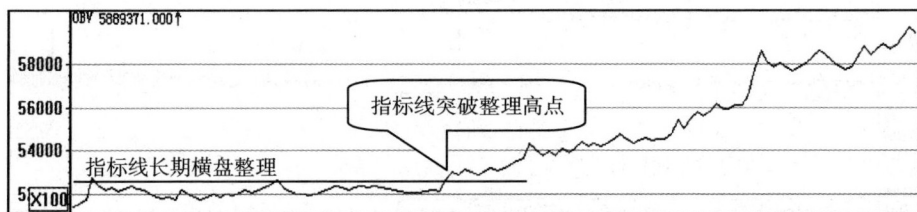

图5-42　OBV指标突破长期横盘区间

当 OBV 指标长期横盘整理时，股价可能横盘整理，也可能缓慢地缩量下跌，这说明市场上的做空力量正在逐渐被消耗，看多气氛正逐渐凝聚。一旦 OBV 指标突破前期横盘整理的高点，就说明股价开始放量上涨，这是股价进入上涨行情的信号。

出击买点　当 OBV 指标线突破前期横盘整理高点时，买点出现。

○ 经典案例

如图 5-43 所示，2018 年 5 月至 10 月，江西长运（600561）的 OBV 指标长期横盘整理，与此同时，其股价出现了下跌震荡行情，这个形态说明在股价下跌过程中，市场做空力量正在被逐渐耗尽，看多气氛逐渐积聚。11 月 2 日，OBV 指标突破了横盘整理区域，这说明股价开始放量上涨，此时买点出现。

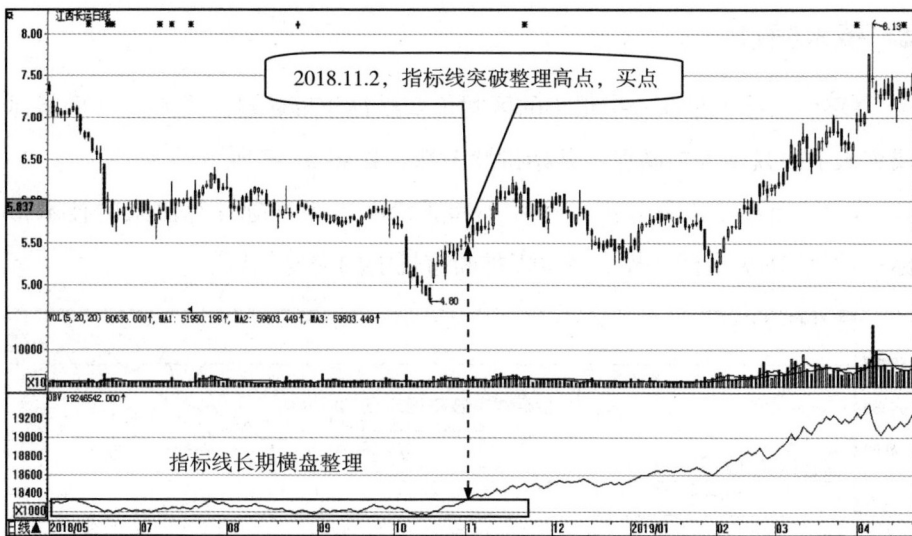

图5-43　江西长运日K线

实战提高

1. 股市上有句俗话说"量在价先"，OBV 指标是统计股票成交量变化的指标，它往往能先于股价出现突破走势。

2. 所谓"长期横盘"是指股价横盘时间至少超过 3 个月。如果横盘时间太短，可能空方动能并没有被彻底消耗，此时出现的突破走势可能只是下跌中途的小幅反弹。

3. 由于涨跌停板的限制，很多股票在连续涨停的时候，虽然看多气氛高涨，但 OBV 指标并不能大幅上涨，此时 OBV 指标无法发挥正常作用。

形态 80：W&R 指标超卖

➲ 技术特征

　　当 W&R 指标的两条指标线均上涨到 80 以上的高位时，就说明市场已经进入超卖状态，股价有见底反弹的机会，如图 5-44 所示。

　　W&R 指标是用当日收盘前在最近一段时间股价分布中的相对位置来衡量市场上买卖力道强弱的技术指标。该指标值越高，说明当前股价所处的位置越低，卖方力量越强势。

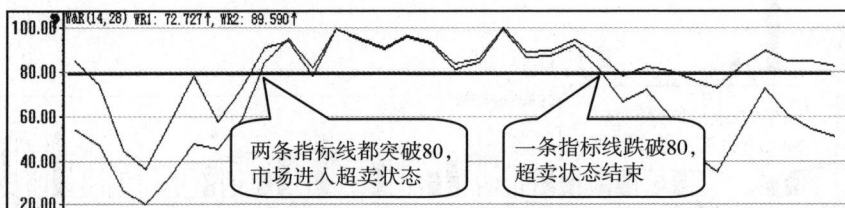

图5-44　W&R指标超卖

　　当 W&R 指标的两条指标线都上涨到 80 上方时，说明市场已经进入空方极度强势的快速下跌行情，此时股价有见底反弹的可能。

出击买点1　　当有一条 W&R 线跌破 80 时，第一个买点出现。

出击买点2　　两条 W&R 线均跌破 80 时，第二个买点出现。

➲ 经典案例

如图 5-45 所示，2016 年 12 月，新北洋（002376）的两条 W&R 指标线均在 80 上方，这说明市场上的空方能量十分强劲，正在持续打压股价。不过这种空方极度强势的下跌行情难以持续，股价有可能会见底反弹。12 月 30 日，该股的短期 W&R 指标线跌破 80，这是空方强势已经有所松动的信号，此时第一个买点出现。2017 年 1 月 3 日，该股的长期 W&R 指标也跌破 80，这显示空方极度强势的下跌行情已经完全结束，此时出现了第二个买入时机。

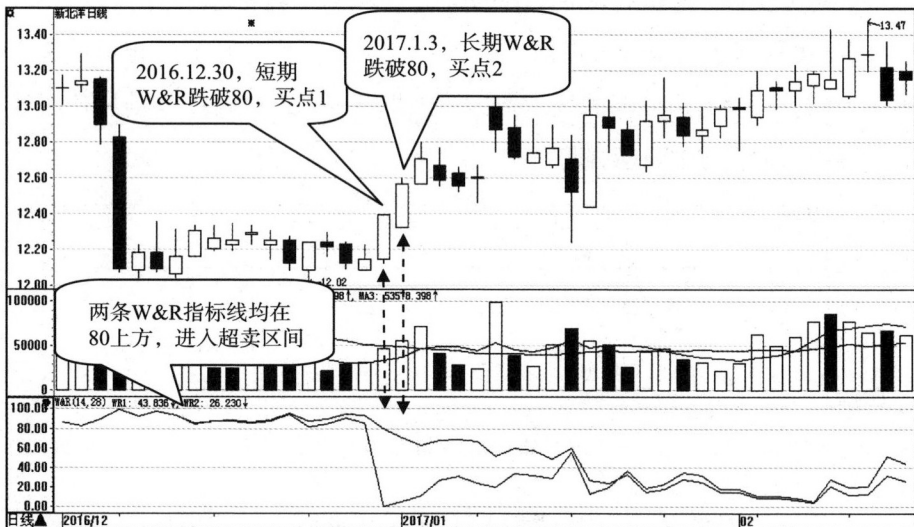

图5-45　新北洋日K线

实战提高

1. 因为计算方法的关系，W&R 指标中的两条曲线并不一定哪一条会先见顶下跌，跌破 80。如果两条曲线同时跌破 80，则该形态就只有一个买点。

2. W&R 指标的超买、超卖区间和 RSI、KDJ 等常见指标不同。W&R 指标的超卖区间在 80 以上，超买区间在 20 以下。而 RSI、KDJ 等指标的超卖区间在 20 以下，超买区间在 80 以上。

3. 不同股票的超卖区间范围可能略有不同，例如一些股价波动幅度较大的小盘股，可能 W&R 指标突破 90 才算是进入超卖状态；而对于一些股价波动幅度较小的大盘股价，可能 W&R 指标突破 70 就已经进入了超卖状态。在具体操作时，投资者可以结合股票过去 W&R 指标的走势来选择。

形态 81：KDJ 指标超卖区金叉

➋ 技术特征

1. 如果 KDJ 指标中的三条指标线都下降到 20 以下的低位，就进入了超卖区间。

2. 在超卖区间内，如果 KDJ 指标中的指标线 K 自下向上突破指标线 D，二者就形成了超卖区金叉的形态，如图 5-46 所示。

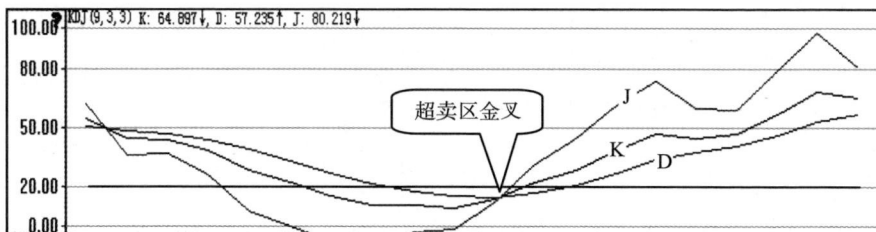

图5-46　KDJ指标超卖区域金叉

KDJ 指标是衡量股价涨跌力量强弱的技术指标，在 KDJ 指标中有三条曲线，其中波动最快的是指标线 J，其次是指标线 K，波动最缓慢的是指标线 D。

当 KDJ 指标的三条指标线均下跌到 20 下方时，说明当前市场进入超卖状态。此时市场上的卖方力量已经极强，不过这种强势可能会难以持续，未来股价有见底反弹的可能。

当 KDJ 指标中的指标线 K 突破指标线 D，形成金叉时，说明市场上的上涨动能再次凝聚起来，这是股价即将见底反弹的标志。

出击买点 　　　　当 KDJ 指标在 20 以下低位形成金叉时，买点出现。

⊃ 经典案例

如图 5-47 所示，2019 年 8 月上旬，浙江富润（600070）的 KDJ 指标下跌到 20 以下的低位，这个形态说明市场已经进入了卖方极度强势的行情，不过这种卖方的极度强势可能难以持续。8 月 16 日，浙江富润的 KDJ 指标在低位完成了金叉形态，这个形态说明上涨动能再次积聚，此时形成买入信号。

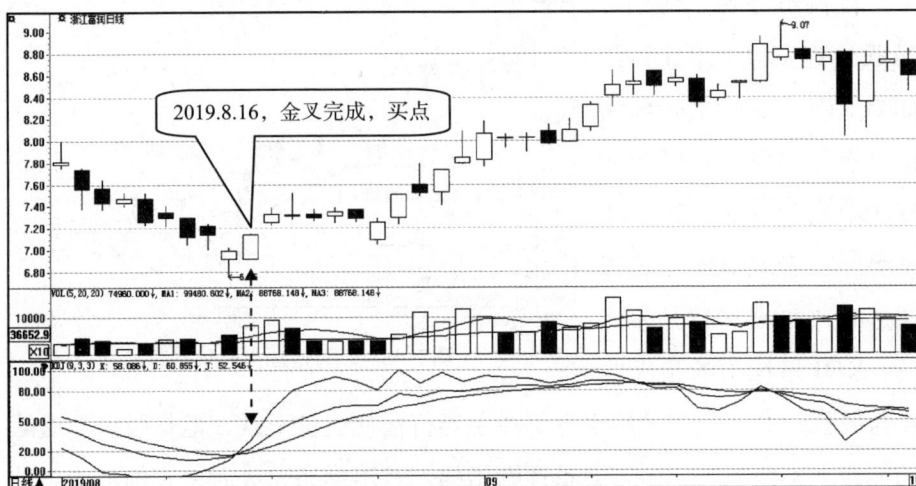

图5-47　浙江富润日K线

实战提高

1. 因为计算方法的关系，当指标线 K 向上突破指标线 D 的时候，指标线 J 必定也会同步向上突破，从而会出现三条指标线同时交叉形成金叉的形态。

2. 当 KDJ 指标的金叉出现在其他位置时，同样是看涨买入信号，不过这种买入信号没有超卖区域的金叉那么强烈。

3. 如果指标线 K 突破指标线 D 后没有持续上涨，而是两条指标线持续缠绕在一起，多次形成金叉的形态，则这种形态不是有效的看涨信号。

形态 82：KDJ 指标与股价底背离

⮕ 技术特征

在持续下跌行情中，当股价连创新低的同时，如果 KDJ 指标中的指标线 K 没有创出新低，反而出现了一底比一底高的上涨走势，二者就形成了底背离形态，如图 5-48 所示。

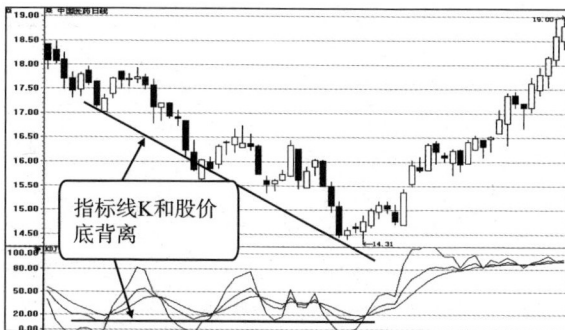

KDJ 指标中的指标线

图5-48　KDJ指标与股价底背离

K 与股价背离，说明虽然空方仍在主导行情使股价下跌，但是股价下跌的动能正在不断减弱，多方力量逐渐增强。背离形态完成后，股价可能会见底反弹。

出击买点 ➤ 　背离形态完成后，买点出现。

⮕ 经典案例

如图 5-49 所示，2020 年 6 月中下旬，特变电工（600089）股价在持续下跌的同时，其 KDJ 指标中的指标线 K 却没有下跌，反而出现了一底比一底高的走势。这样的形态说明虽然股价在下跌，但是多方能量正逐渐增强，是看涨买入信号。6 月 30 日，底背离后 K 线形成低位孕育形态，此时买点出现。

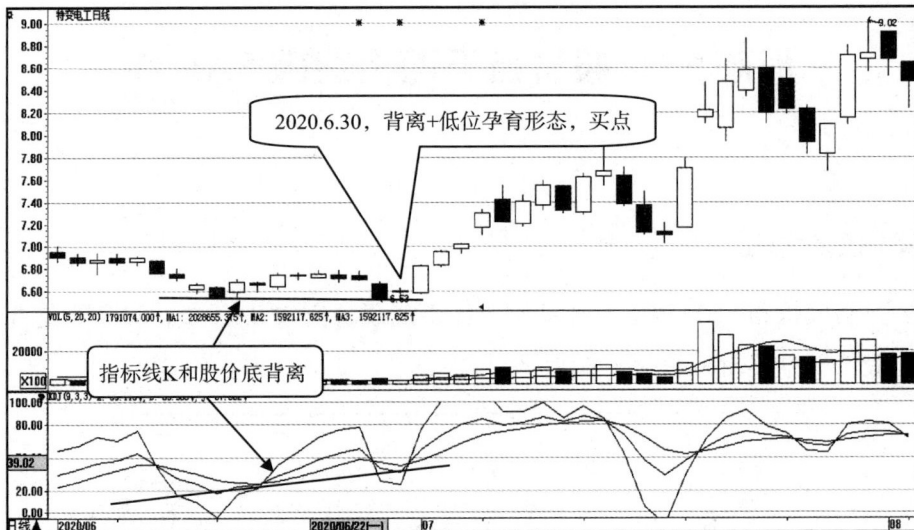

图5-49　特变电工日K线

实战提高

1. 判断背离形态是否完成的标准有很多种，例如股价突破前期高点，或者指标线 D 上升到了 50 上方，都可以说明多方已经开始占优势，背离形态完成。

2. 当指标线 K 和股价底背离时，KDJ 指标线中的另外两条指标线可能也会出现和股价底背离的形态。三条指标线的背离形态相互验证，可以增强这个买入信号的可信度。

3. 如果在背离形态开始时指标线 K 处于 20 以下的超卖区间，而随着背离形态完成，指标线 K 也脱离了超卖区间，则该形态的看涨信号会更加可靠。

形态 83：股价自下而上突破 SAR 线

➲ 技术特征

当股价在 SAR 线下方移动时，如果能成功突破 SAR 线，SAR 线就会向股价下方移动，如图 5-50 所示。

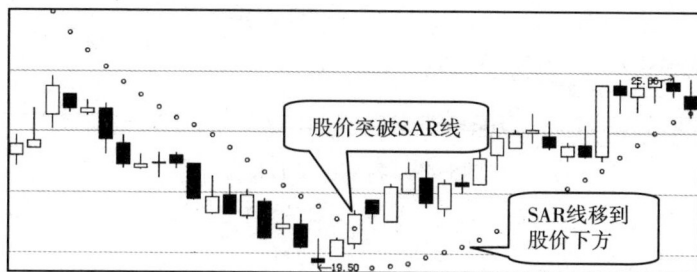

图5-50　股价突破SAR线

SAR 指标是利用抛物线方式，随时计算股价止损点或者反转点的位置，以给出买卖点的技术指标。

当股价在 SAR 上方运行时，说明当前股价处于上涨行情中，此时SAR 指标给出的是持股人的止损点。一旦股价跌破 SAR 指标，SAR 线就会移动到股价上方，这显示上涨行情结束，股价开始下跌。

当 SAR 指标移到股价上方移动后，就代表行情反转上涨的点位。一旦股价突破 SAR 指标，SAR 指标线就会再次移动到股价下方，这是下跌行情结束、股价开始上涨的信号。

出击买点 ➡ 当股价突破 SAR 指标线时，买点出现。

➲ 经典案例

如图 5-51 所示，2020 年 6 月 1 日，国金证券（600109）的股价突破了其 SAR 线，这个形态说明股价已经结束原来的下跌行情，进入上涨行情，买点出现。6 月 2 日开始，SAR 指标线就移动到股价下方移动。

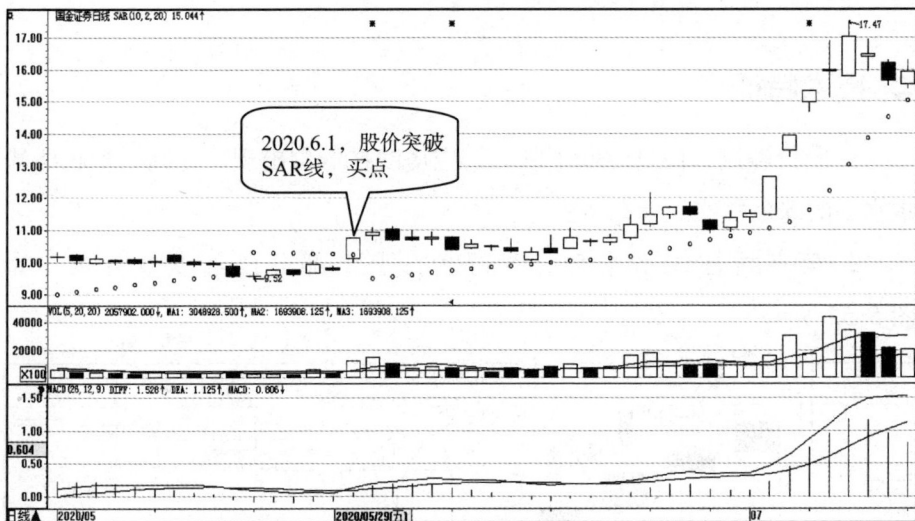

图5-51　国金证券日K线

实战提高

1. SAR 指标是操作最简单的技术指标之一，特别适合入市时间不长、投资经验不丰富、缺乏买卖技巧的新股民使用。

2. 投资者按照这个信号买入股票后，可以将止损位设定在 SAR 曲线上。一旦股价跌破这条曲线就说明上涨行情结束，卖点出现。

3. 在股价横盘整理的行情中，SAR 指标会频繁发出买卖信号，此时如果按照这个信号操作，会损失大量的交易成本，且失误率较高。

形态 84：宝塔线三平底翻红

⊃ 技术特征

1. 股价经过一段长时间下跌后，宝塔线在低位出现了连续三根底部基本水平的绿色柱线。

2. 第三根柱线下半部分为绿色，上半部分已经变成红色，如图 5-52 所示。

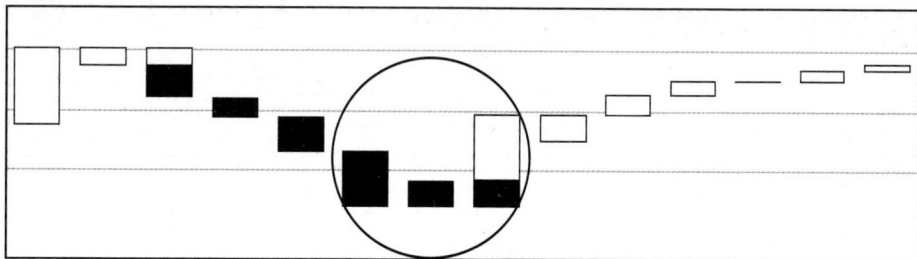

图5-52　宝塔线三平底翻红

宝塔线指标是以不同颜色柱线来区分股价涨跌的一种技术指标。通过宝塔线指标，投资者可以了解市场上的多空力量对比，以选择合适的买卖时机。

当出现宝塔线星辰三平底翻红的形态时，显示经过一段时间的整理后，市场上的空方力量逐渐减弱，多方力量增强，这是看涨买入信号。

出击买点 　　三平底翻红形态完成时，买点出现。

➲ 经典案例

如图 5-53 所示，2020 年 4 月 28 日至 4 月 30 日，新黄浦（600638）的股价经过一段时间下跌后，其宝塔线指标完成了三平底翻红的形态，这个形态说明市场上的空方力量逐渐减弱，多方力量增强。4 月 30 日，该形态最后一根宝塔线的上方变成红色，买点出现。

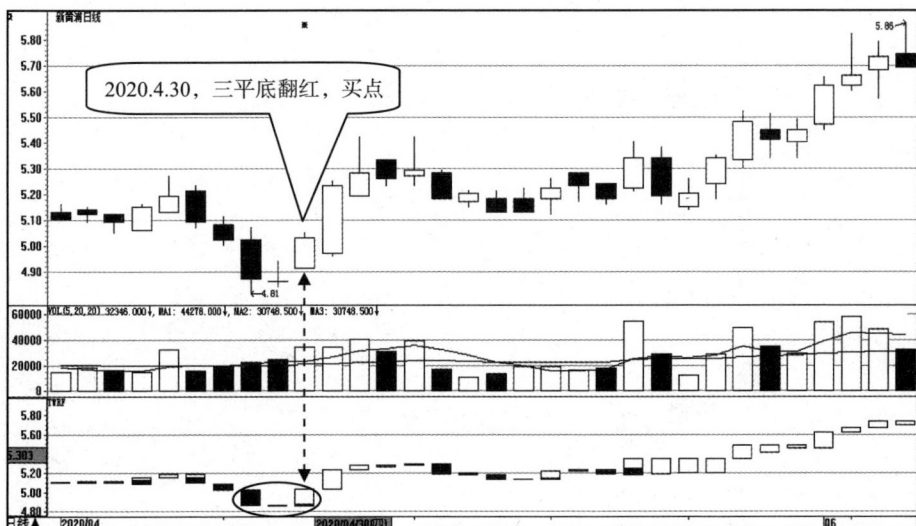

图5-53　新黄浦日K线

实战提高

1. 宝塔线与 K 线相似，二者都是反映股价涨跌的指标线。在 K 线图中，与宝塔线三平底翻红对应的往往是类似启明之星的 K 线组合。

2. 三平底形态中前两根宝塔线可以是绿线，也可以是半红半绿，但最后一根宝塔线必须是半红半绿，这才能作为行情转强的标志。

3. 三平底翻红形态只有出现在下跌行情的尾端才是有效的看涨信号，如果在上涨行情中出现了同样的形态，投资者要谨慎操作。

第 6 章

量价关系的买入形态

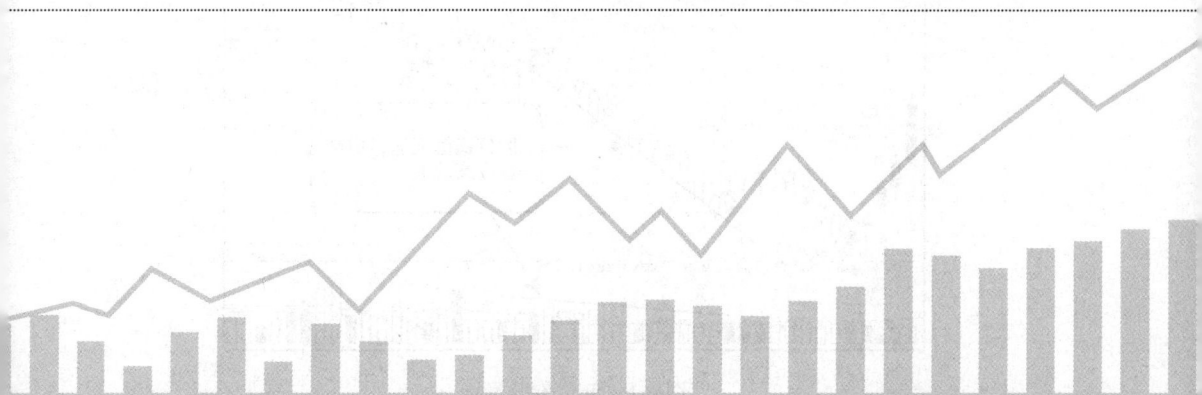

形态 85: 低位的价升量增

⊃ 技术特征

　　低位价升量增是指经过一段时间下跌后，在一个较低的价位上，随着股价稳健上涨，成交量也逐渐放大的形态，如图 6-1 所示。

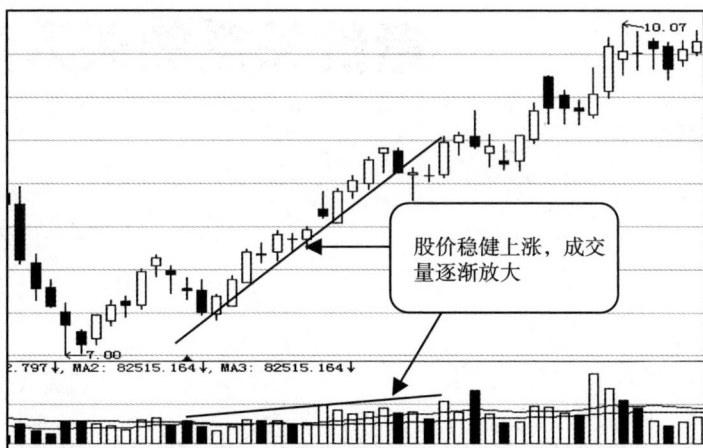

　　图6-1　低位价升量增

　　当较低的价位上出现价升量增形态时，说明经过一段时间的下跌后，多方力量逐渐聚集，这是下跌行情已经结束、上涨行情即将开始的信号。这样的形态完成后，股价将持续上涨。

　　出击买点　　当低位价升量增的形态确定时，买点出现。

⊃ 经典案例

　　如图 6-2 所示，2019 年 11 月底开始，华微电子（600360）的股价经过一段时间下跌后开始见底反弹，在股价反弹的同时，成交量也逐渐放大，二者组成了低位价升量增的形态。这样的形态说明多方力量逐渐积累，是股价将持续上涨的信号。12 月 25 日，股价经过小幅调整后再次加速上涨，买点出现。

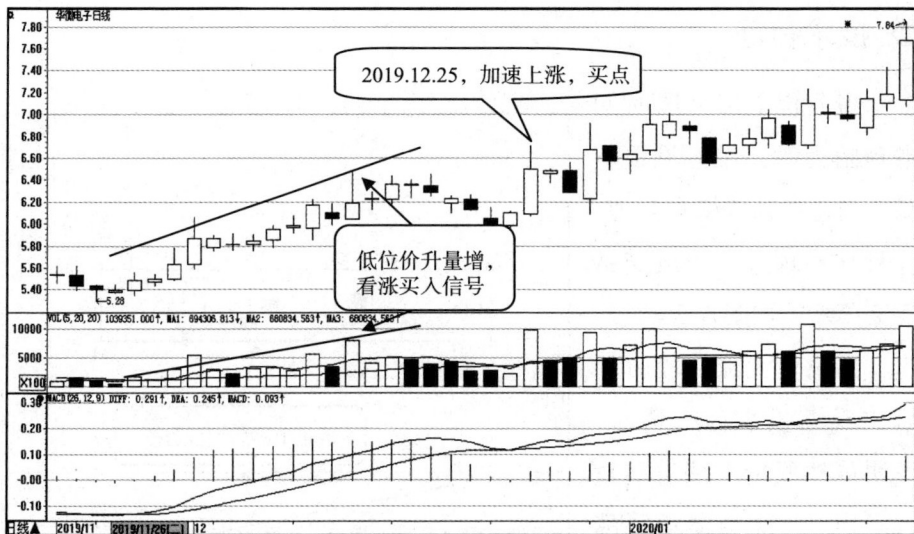

图6-2　华微电子日K线

实战提高

　　1. 价升量增形态出现在下跌后的低位是有效的看涨信号，有时股价下跌后马上就会出现价升量增形态，有时股价下跌后要在底部横盘整理一段时间才出现价升量增的形态。

　　2. 低位价升量增的形态完成后，股价可能加速上涨，也可能会经过小幅调整后再持续上涨。

　　3. 价升量增的过程，可能是股价持续上涨同时伴随成交量持续放大的过程，也可能是股价震荡上涨，成交量也配合股价震荡增加的过程。

形态 86：大涨之后缩量企稳

⊃ 技术特征

当股价上涨一段时间遇到阻力时，没有见顶下跌。而是在顶部横盘整理，并且在整理过程中成交量逐渐萎缩，如图 6-3 所示。

当股价大涨一段时间后出现缩量企稳行情时，说明虽然股价上涨遇到较大阻力，但多方继续看涨的信心并没有因此减弱。当股价在顶部横盘整理时，

图6-3　大涨之后缩量企稳

并没有太多投资者抛出手中的股票，这使成交量持续萎缩。等上方阻力位被突破，股价放量上涨时，之前的上涨行情还将继续。因此这种形态是看涨买入信号。

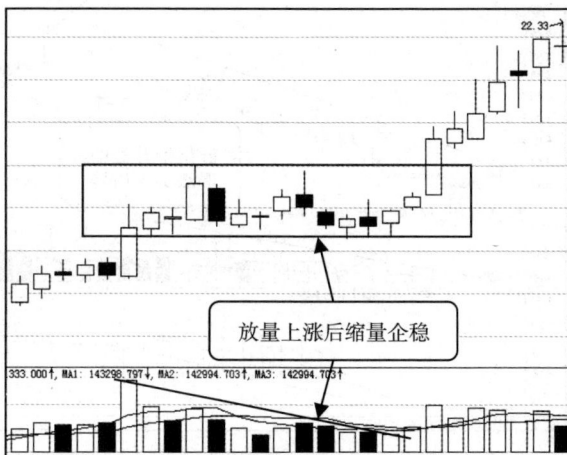

出击买点　　股价再次放量上涨，突破缩量横盘的最高点时，出现买点。

186

➲ 经典案例

　　如图 6-4 所示，2019 年 1 月初，西南证券（600369）股价在上涨一段时间后遇到巨大阻力，开始在顶部整理，整理过程中成交量也逐渐萎缩。2 月 22 日，股价放量突破了前期高点，买点出现。

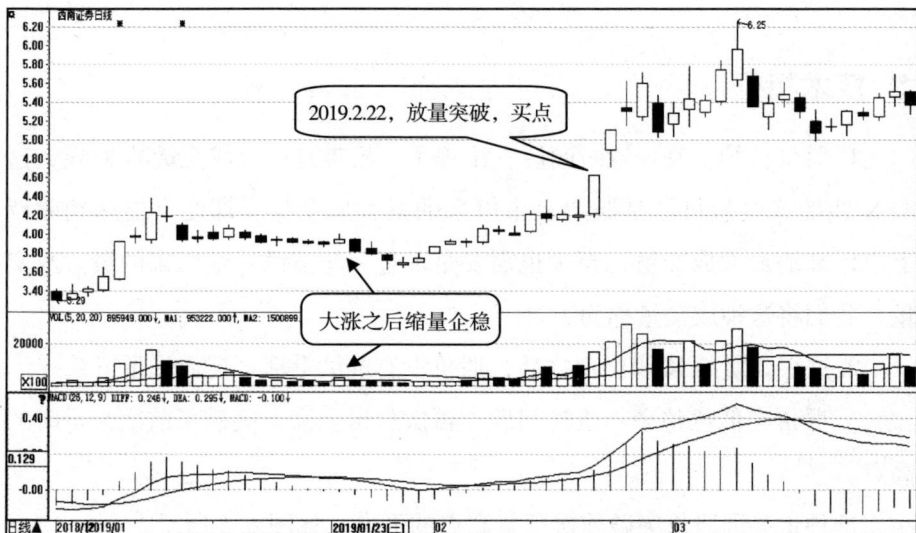

图6-4　西南证券日K线

实战提高

　　1. 股价横盘整理的区间可能是矩形区间，也可能是三角形、旗形或者楔形区间。有时即使股价上涨后小幅回调，只要成交量明显萎缩，也是股价会继续上涨的信号。

　　2. 缩量企稳形态出现在上涨行情之后才是有效的看涨信号。如果同样的形态出现在下跌行情之后，未来股价可能会继续下跌。

　　3. 如果股价在顶部横盘整理很长时间，说明多方可能无力继续拉升股价，未来股价即使突破后继续上涨的可能性也已经很小。

形态 87：股价突破前次天量的高点

⊃ 技术特征

1. 股价持续上涨一段时间后，出现了一根带有巨大成交量的 K 线，这根 K 线的成交量可能是股票上市以来的最大成交量，即使不能达到股票上市以来的最大成交量，至少也需要是最近一轮涨跌行情以来的最大成交量，我们将这种成交量称为天量。

2. 这根天量的 K 线出现之后，股价没有继续上涨，反而见顶下跌。

3. 股价在低位整理一段时间后，再次放量上涨，突破了前次天量时的高点。

这种走势即股价突破前次巨量高点的形态，如图 6-5 所示。

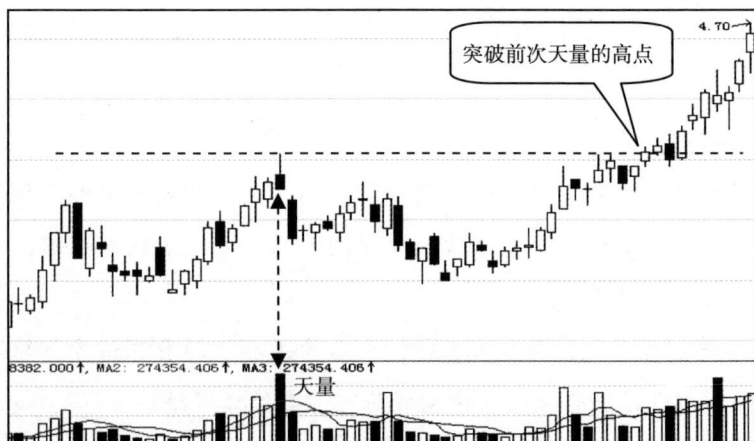

图6-5　股价突破前次天量的高点

当天量出现股价却见顶下跌时，说明在这个价位上有巨大的阻力出现。

且在创出天量的交易日内，又会有大量新的资金被套牢在高位，这也会增加上方的压力。而股价整理一段时间后一旦成功向上突破，则说明多方力量已经积累到一定程度，上方的巨大压力已经被完全消化掉，未来股价可能会持续上涨。

出击买点　　当股价突破前次天量的高点后，买点出现。

● 经典案例

如图 6-6 所示，2020 年 6 月 3 日，盘江股份（600395）的成交量创出几个月来的最大量，之后该股股价见顶下跌，这说明在股价见顶的位置，有巨大的抛盘压力存在。6 月 18 日，该股放量上涨，价格触及前期天量高点，但并没有最终突破成功，这说明上涨动能还不是特别强势。直到 7 月 3 日，股价再次放量，突破了前次天量的高点，这说明之前的阻力位已经被成功突破，股价将持续上涨，买点出现。

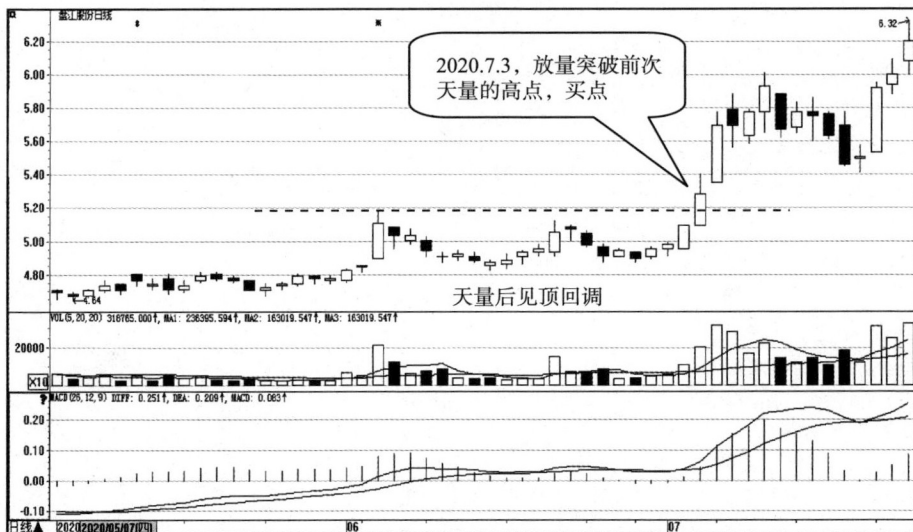

图6-6　盘江股份日K线

实战提高

1. 股价突破后可能有缩量回抽，但回抽到前次天量的高点位置就会再次获得支撑上涨。这种回抽是对突破形态的确认，也是加仓买入股票的时机。

2. 股价突破天量的高点时的成交量可能不会超过天量时的成交量，但一定要高于创天量回调过程中的成交量。否则这有可能是假突破，股价短暂上涨后可能就会再次向下。

形态 88：缓慢攀升后开始放量拉升

➲ 技术特征

1. 在经历过一段下跌行情后的低位，股价先是缓慢地攀升，在股价攀升过程中，成交量仅勉强能够支持这种缓慢的上涨，并没有明显放大的迹象。

2. 股价缓慢上涨一段时间后，突然上涨速度加快，且成交量明显放大。

这种走势即缓慢攀升后开始放量拉升的形态，如图 6-7 所示。

缓慢攀升后放量拉升是一个非常健康的上涨

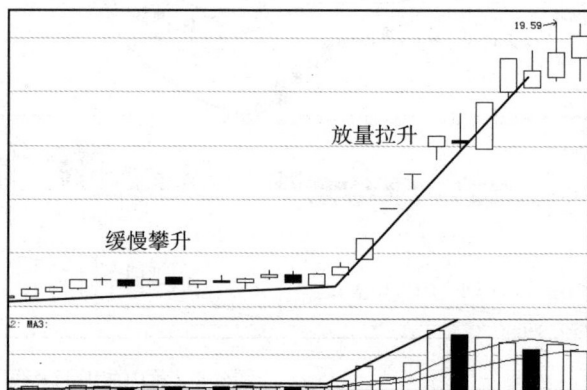

图6-7　股价缓慢攀升后开始放量拉升

形态。当股价从高位下跌到低位后，先出现缓慢拉升的行情，一方面可以让市场上的看多人气逐渐聚集，另一方面也能够使部分高位买入的投资者割肉卖出，降低市场上的平均持股成本。随后出现放量拉升行情，则表示之前积聚的多方动能集中爆发，而上方的套牢盘已经基本被消化，未来股价可能会持续上涨。

出击买点　当股票上涨速度加快，成交量也出现明显放大迹象时，买点出现。

⋑ 经典案例

如图 6-8 所示，2019 年 2 月初，黄山旅游（600054）的股价缓慢攀升。经过一段时间的缓慢攀升，市场上的看多人气逐渐聚集，而上方的抛盘压力也已经逐渐被消化。2 月 25 日开始，黄山旅游进入明显的放量拉升行情，此时买点出现。

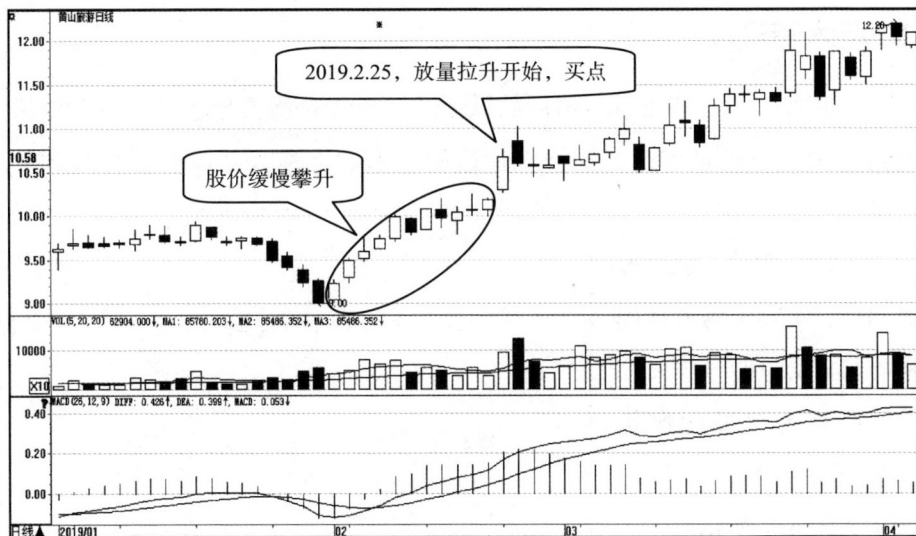

图6-8　黄山旅游日K线

实战提高

1. 在缓慢攀升到放量拉升的过程中，可能有一次小幅回调的过渡行情，也可能没有。

2. 股票缓慢攀升的时间越长，未来股价的上涨空间就越大。

3. 如果从另一个角度考虑，这种形态能够体现出主力坐庄的意图。首先股价在低位缓慢攀升，可能是主力在低位逐渐建仓，等建仓完成，主力就开始大力拉升股价。

形态 89：巨量打开连续无量跌停板

➲ 技术特征

1. 如果股价从开盘就被压制在跌停板上，一直到收盘都没有打开过跌停板，那么这个交易日的 K 线会显示为一根横线。

2. 当这种跌停板出现时，很少会有投资者在跌停板上买入，这就造成成交量十分稀少，因此这种跌停又被称为无量跌停。

3. 如果股价连续多个交易日都无量跌停，此时突然某个交易日成交量极度放大，且股价不再跌停，就形成了巨量打开连续无量跌停板的形态，该形态如图 6-9 所示。

当市场上出现连续的无量跌停板时，大量投资

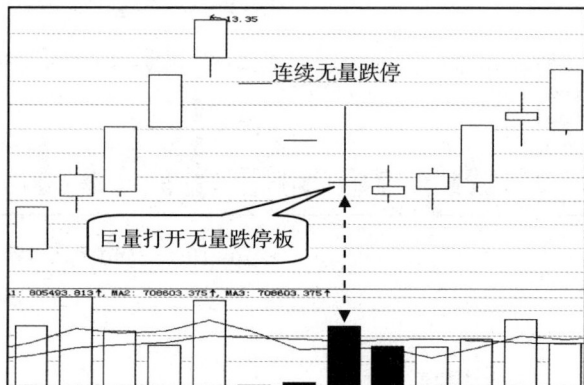

图6-9　巨量打开连续无量跌停板

者会因为恐慌而非理性的卖出股票。等跌停板最终打开时，股价可能早已经跌到了其应有价格的下方。此时刚刚抛出股票的投资者会在恐慌中反应过来，再买入股票。因此，连续无量跌停之后，股价往往会出现一轮反弹行情。

出击买点　当连续的无量跌停被巨量打开后，如果股价走稳，就形成抄底买入的机会。

193

➲ 经典案例

如图 6-10 所示，2015 年 9 月下旬，川润股份（002272）因为重组失败而连续无量跌停。直到 9 月 30 日，这种跌停板才被巨量打开。此后股价逐渐走稳，出现了短线抢反弹的机会。

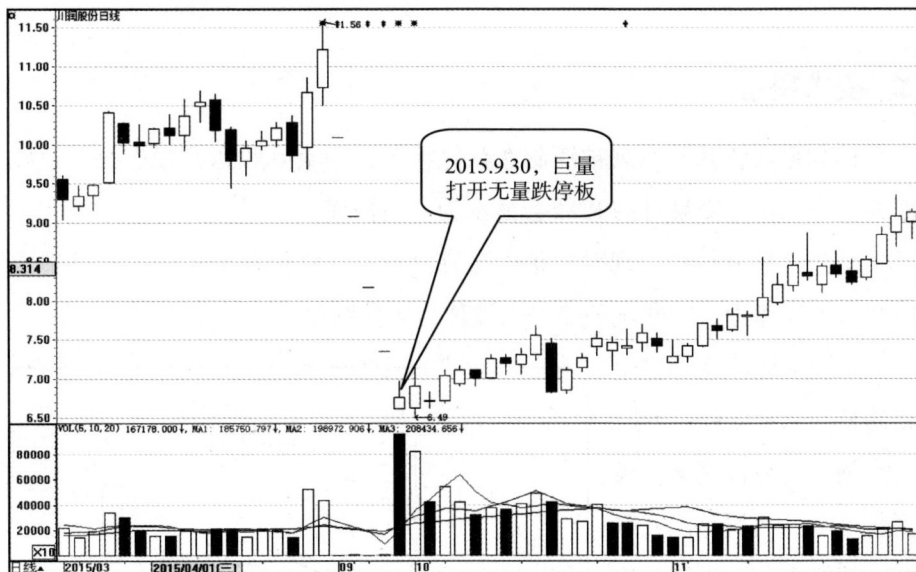

图6-10　川润股份日K线

实战提高

1. 如果跌停板被打开后股价没有走稳，而是持续阴跌，则说明投资者信心还没有恢复，此时并不能贸然买入。

2. 连续的无量跌停很可能已经将之前的上涨趋势破坏，因此跌停板被打开后即使股价上涨，这种上涨也只能算作是下跌趋势中的短暂反弹。投资者在把握这种反弹机会时，要特别注意风险，防止股价在稍稍走稳后继续再以连续跌停的方式下跌。

形态 90：底量超顶量

➲ 技术特征

1. 股价上涨到一定的高位后在顶部放出巨量，之后股价见顶下跌。在下跌过程中，成交量持续萎缩。

2. 当股价下跌到底部后，再次放出巨量，且此时的成交量要超过顶部的成交量，这就形成了底量超顶量的形态，该形态如图 6-11 所示。

图6-11　底量超顶量

在底量超顶量的形态中，成交量在顶部放大后持续萎缩，说明股价上涨遇到巨大阻力后回调。而在底部区域再次放量，则说明股价下跌一段后获得支撑，且底量超过顶量，说明底部的支撑力要超过顶部的阻力。因此，底量超过顶量是股价会见底反转的信号。

出击买点 　　当股价冲高回落时，买点出现。

⊃ 经典案例

如图 6-12 所示，2020 年 2 月底，世联行（002285）股价在阶段顶部遇阻开始持续下跌，同时成交量也不见明显放大。直到 2020 年 5 月，股价止跌反弹。在反弹过程中，成交量快速放大，且超过前期阶段顶部阶段的成交量水平。这个形态说明股价在底部获得强烈支撑，且此时的支撑力要超过顶部的阻力。5 月中，股价冲高回落，投资者可以逢低买入。

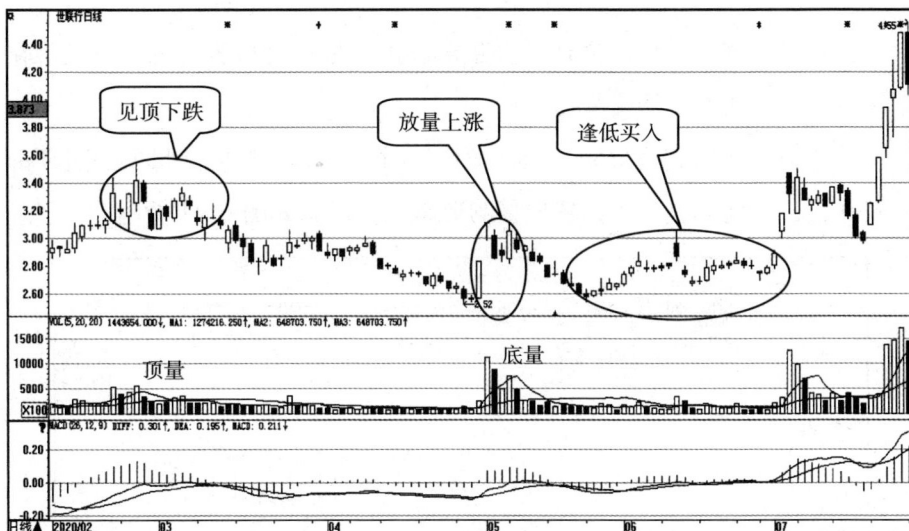

图6-12　世联行日K线

实战提高

1. 在底量超顶量的形态中，可能底部的最大成交量不会超过顶部的最大成交量，但是在整体来看的平均成交量方面底部要超过顶部。

2. 这种形态经常出现在上涨行情中股价回调时，如果股价回落幅度不深就放量获得支撑，则未来股价上涨时很可能会突破前期高点。

形态 91：放量跳空后收阳

➲ 技术特征

股价跳空上涨，最终收出一根阳线。这根阳线的最低价高于之前一根 K 线的最高价，留下了跳空缺口。且伴随着这根阳线，成交量大幅放大。如图 6-13 所示。

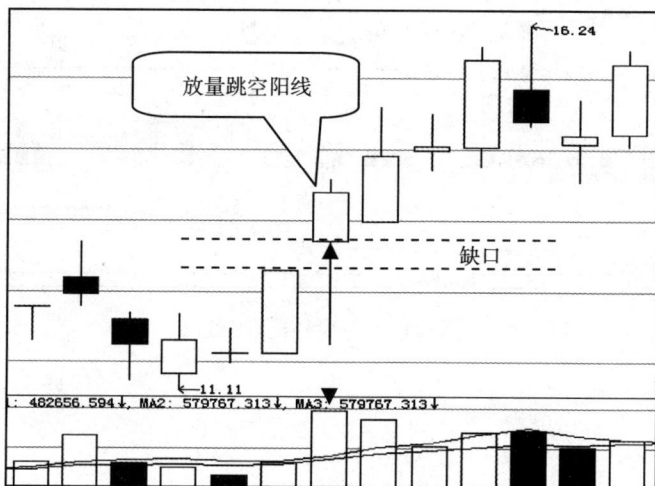

图6-13　放量跳空后收阳

如果股价放量跳空上涨，最终收阳，说明上涨动能十分强劲，这是股价会继续上涨的信号。

出击买点 ➡　　股价放量跳空后收阳，买点出现。

⊃ 经典案例

如图 6-14 所示,2020 年 7 月 6 日, 辉煌科技（002296）股价放量上涨,最终收出阳线。同时这根阳线的最低价超过了之前一根 K 线的最高价, 形成跳空缺口。这样的形态是多方极度强势的信号, 预示着未来股价会持续上涨。当这根 K 线完成时, 买点出现。

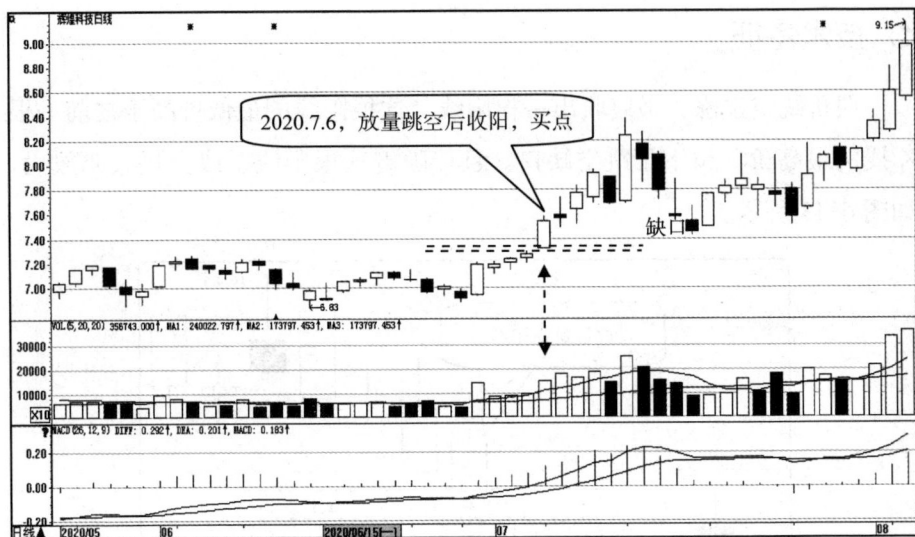

图6-14 辉煌科技日K线

实战提高

1. 股价跳空的缺口会成为未来股价下跌时的重要支撑位。

2. 如果股价经过一段时间横盘整理后出现放量跳空的阳线, 同时这根阳线突破前期整理高点, 则该形态的看涨信号会更加可靠。

3. 如果放量跳空的阳线带有较长的上影线, 说明股价上涨遇到巨大阻力, 此时投资者最好等到上涨行情被进一步确定后再买入股票。

形态 92：在前期密集成交区处缩量企稳

➲ 技术特征

1. 如果股价持续在一个区域内横盘整理，并且在这个区域内积累了相当程度的换手率，则这个区域就形成了一个密集成交区。

2. 股价脱离密集成交区后先是上涨，之后见顶下跌。当下跌到密集成交区位置时获得支撑走稳，同时成交量萎缩。

该走势即在前期密集成交区处缩量企稳形态，如图 6-15 所示。

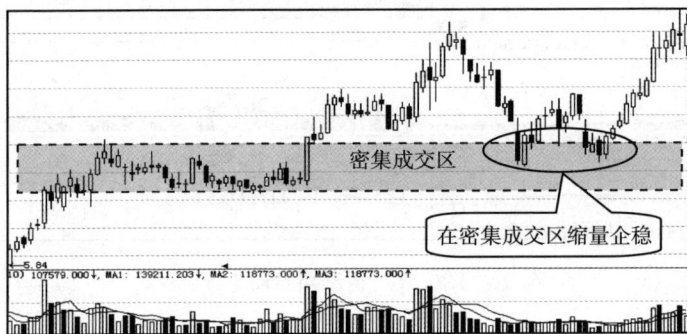

图6-15　在前期密集成交区缩量企稳

前期密集成交区既是股价下跌的支撑，也是股价上涨的阻力。当股价下跌到前期密集成交区域缩量企稳时，说明股价在这个位置获得了有效支撑，这是股价将见底反弹的信号。

出击买点 ➤ 　　股价在密集成交区缩量企稳，再次上涨突破密集成交区时，买点出现。

➲ 经典案例

如图 6-16 所示，2018 年 2 月中旬至 3 月初，得利斯（002330）股价成交量放大，形成了一个密集成交区。3 月 5 日，股价突破密集成交区后上涨，但没上涨多久就遇阻回调。3 月底，股价下跌到前期密集成交区位置时缩量止跌。这样的形态说明前期的密集成交区已经成为一个重要的支撑位，股价获得支撑后会持续上涨。3 月 29 日，股价在密集成交区缩量企稳，K 线形成看涨吞没形态，买点出现。

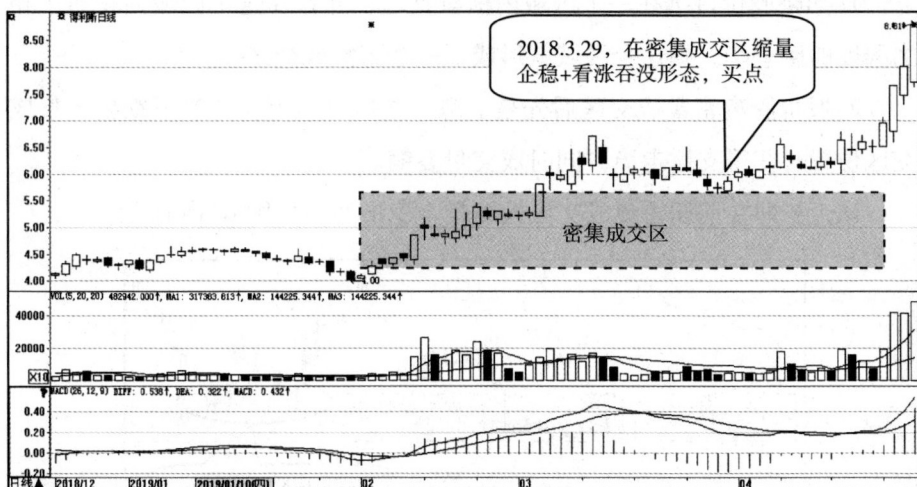

图6-16 得利斯日K线

实战提高

1. 股价回落时可能不会下跌到前期密集成交区的内部，而是在前期密集成交区上方就获得支撑反弹，这也是有效的看涨信号。

2. 在前期密集成交区内股价横盘整理时间越长，积累的成交量越大，则该形态的看涨信号就越强烈。

3. 投资者可以使用 K 线图右侧的筹码分布指标来辅助判断当前市场上的密集成交区。

形态 93：持续放量大涨

➲ 技术特征

在股价持续大幅上涨的同时成交量也持续大幅放大，如图 6-17 所示。

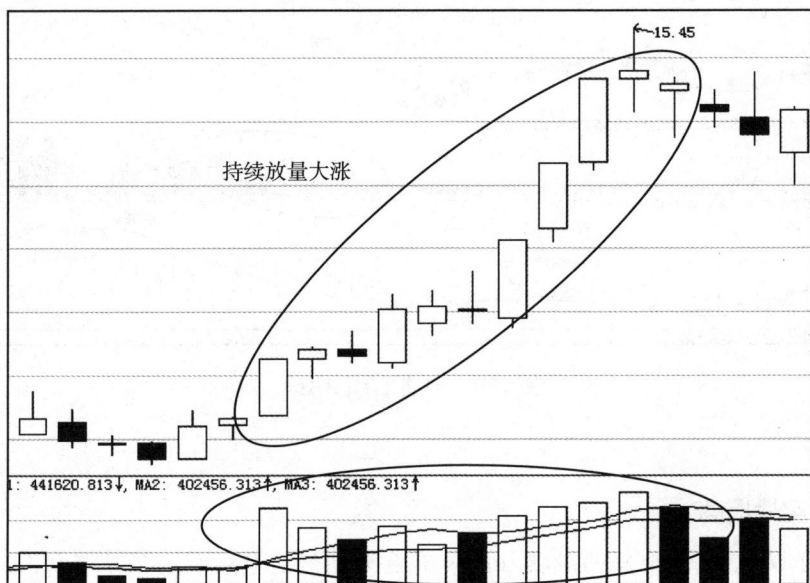

图6-17　持续放量大涨

持续放量大涨的形态说明市场上买方人气极强，这是股价会持续上涨的信号。

出击买点 ➡　在持续放量大涨的过程中，追高买入。

201

➲ 经典案例

如图 6-18 所示，2019 年 2 月，江苏有线（600959）持续放量大涨。这样的形态说明市场上买方力量极度强势，这是股价会持续上涨的信号。在这个过程中，投资者可以适当追高买入股票。

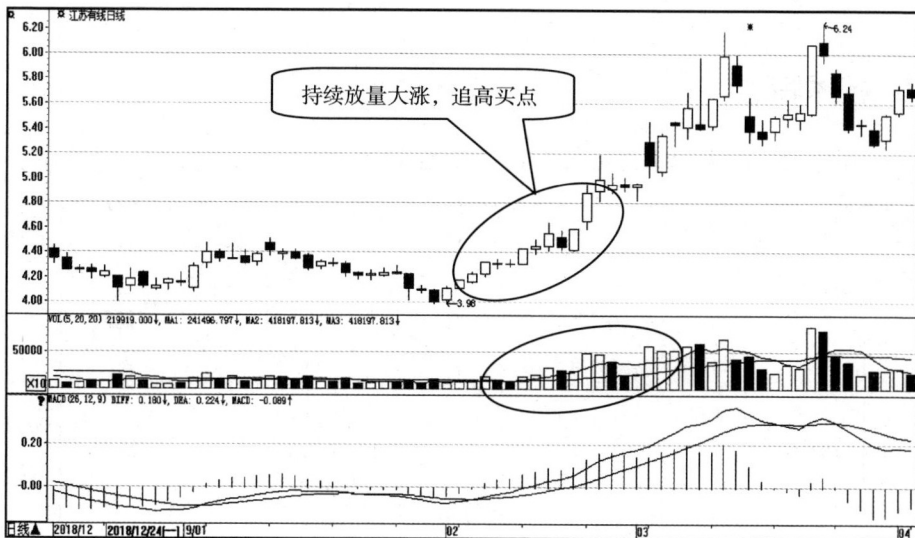

图6-18　江苏有线日K线

实战提高

1. 持续放量大涨的股票往往是有重大利好消息炒作，因此在操作这类股票时，投资者应该特别注意消息面的变化。

2. 经过一段放量大涨行情后，股价可能在小幅整理后继续上涨，也可能见顶后快速下跌，因此，按照这样的形态追高买入会有一定风险，投资者在操作这类股票时需要严格设定止损位，控制风险。

形态 94：5 日均量线与股价底背离

➲ 技术特征

1. 5 日均量线是反映 5 个交易日内市场平均成交量的技术指标。

2. 当股价持续下跌连创新低的同时，如果 5 日均量线没有创新低，反而出现了一底比一底高的上涨走势，就形成了 5 日均量线与股价的底背离形态。

5 日均量线与股价的底背离形态如图 6-19 所示。

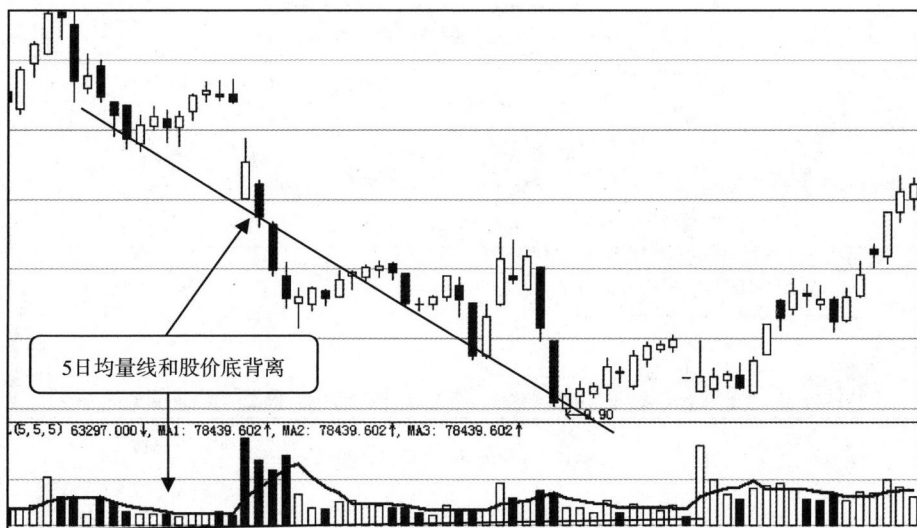

图6-19　5日均量线与股价底背离

当 5 日均量线和股价底背离时，说明虽然股价还在下跌，但是市场上的上涨动能在逐渐累积。等上涨动能累积到一定程度，股价将见底反弹。

出击买点 ▶ 　　当 5 日均量线和股价的底部背离形态完成后，买点出现。

➲ 经典案例

　　如图 6-20 所示，2020 年 3 月至 4 月，海油发展（600968）股价创新低，在此期间内其 5 日均量线却没有创新低，二者构成了底背离形态。这样的形态说明在下跌过程中上涨动能逐渐积累，是看涨信号。2020 年 4 月 29 日，股价 K 线形成孕育形态，这说明上涨动能已经积累到一定程度，买点出现。

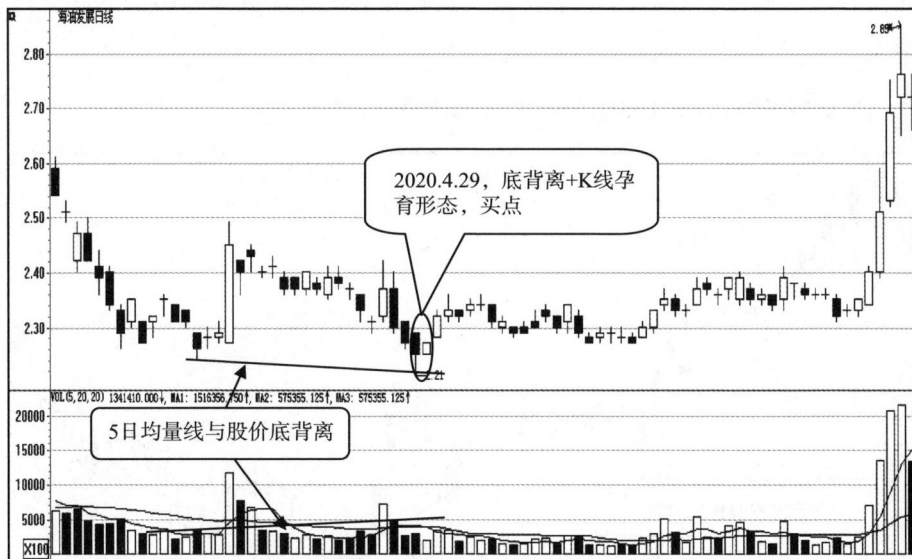

图6-20　海油发展日K线

实战提高

　　1. 判断背离形态是否完成的标志有很多种，例如投资者可以通过股价突破前次反弹高点来确定市场上已经积累了足够的上涨动能。

2. 5 日均量线与股价底背离的形态可能出现在下跌行情的尾端，也可能出现在上涨趋势中的回调行情中。

3. 以 5 日均量线为参考标准，投资者可以预测未来几个交易日或者几周的行情。为了判断更长周期的行情，投资者可以查看 10 日均量线或者 30 日均量线。

第 7 章
跟随主力的买入形态

形态 95：主力拉高建仓的买入形态

➲ 技术特征

拉高建仓是指主力在买入股票的同时使股价缓慢上涨，这种形态如图 7-1 所示。

当主力在建仓买入股票时，股价难免会持续上涨。而主力采用拉高建仓的手法就说明主力并不害怕在建仓过程中股价上涨，其甘愿以越来越

图7-1　主力拉高建仓

高的价格买入股票。当主力采用这种建仓手法时，说明其建仓比较仓促，没有太多时间让股价调整到理想价位再买入。

另一方面，因为此时主力的目的是建仓而不是拉升，所以其在买入过程中会尽量避免将股价抬得过高。此时即使股价上涨，上涨的空间也会比较有限。这个阶段的特点就是成交量大幅放大而股价只是小幅上涨。

出击买点　　当主力建仓完毕开始加速拉升时，买点出现。

⊃ 经典案例

如图 7-2 所示，2020 年 5 月底开始，桐昆股份（601233）股价在低位开始上涨，同时其成交量迅速放大，这样的形态很可能就是有主力在低位拉升建仓的表现。6 月 24 日，桐昆股份的股价开始加速上涨，这说明建仓过程已经结束，股价即将出现一波较大的上涨趋势，此时买点出现。

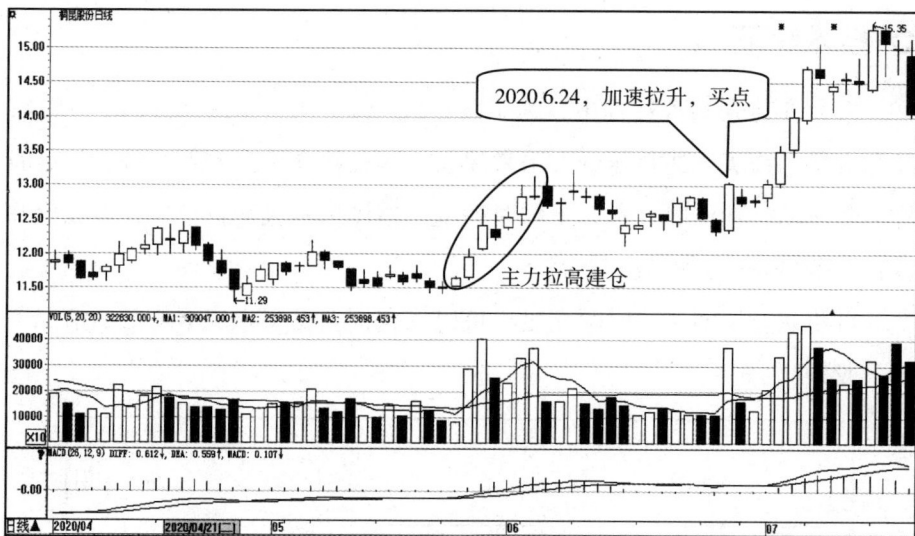

图7-2　桐昆股份日K线

实战提高

1. 拉升建仓说明主力建仓比较匆忙，此后即使在拉升股价时，主力往往也不会浪费太多时间，股价可能会被快速拉升，中间不会有长期的洗盘行情。

2. 主力匆忙建仓可能有多种原因：例如，有的股票短时间内就会有重大利好出现，主力虽然能提前得到消息，但建仓的时间毕竟已经十分有限；另外，还有可能是主力使用借贷的资金来操作股价，这些资金如果长期使用会产生巨大成本。在这些情况下主力会以挤压利润空间为代价，尽快操作。

形态 96：主力打压建仓的买入形态

➲ 技术特征

主力在建仓买入过程中，为了防止股价上涨使自己的买入成本增加，经常会采用边买入边打压的方法来建仓。这种建仓手法的形态特点就是股价不断波动，上涨时放量，下跌时缩量。整体来看成交量很大，但股价并没有太多涨幅，如图 7-3 所示。

打压建仓说明主力时间充足，可以在保证自己买入成本最低的情况下买入股票。

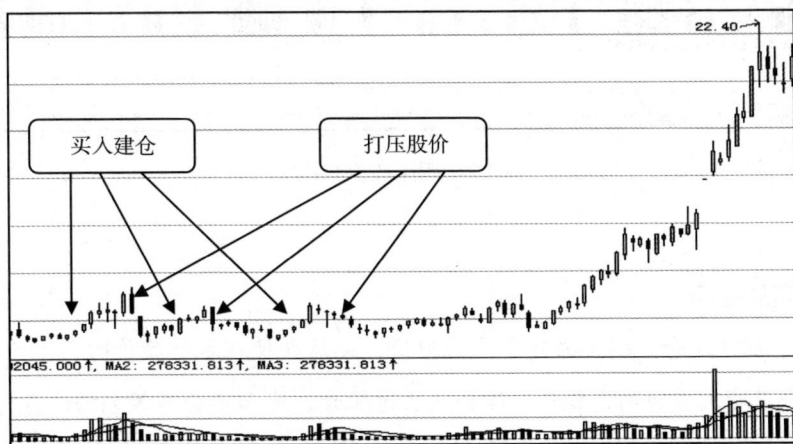

图7-3　主力打压建仓

出击买点　当主力打压建仓完毕，很可能还会有一个洗盘过程。等洗盘结束，拉升开始时，买点出现。

210

⊃ 经典案例

如图 7-4 所示，2018 年 10 月中旬开始，三星医疗（601567）股价在经过一波下跌之后，在低位持续震荡，同时成交量明显放大。这样的形态很可能是主力在打压建仓。当打压建仓形态完成，主力已经吸足筹码，此后股价经过小幅洗盘后开始持续上涨。2019 年 2 月 25 日，股价突破前期高点。这说明拉升行情开始，此时买点出现。

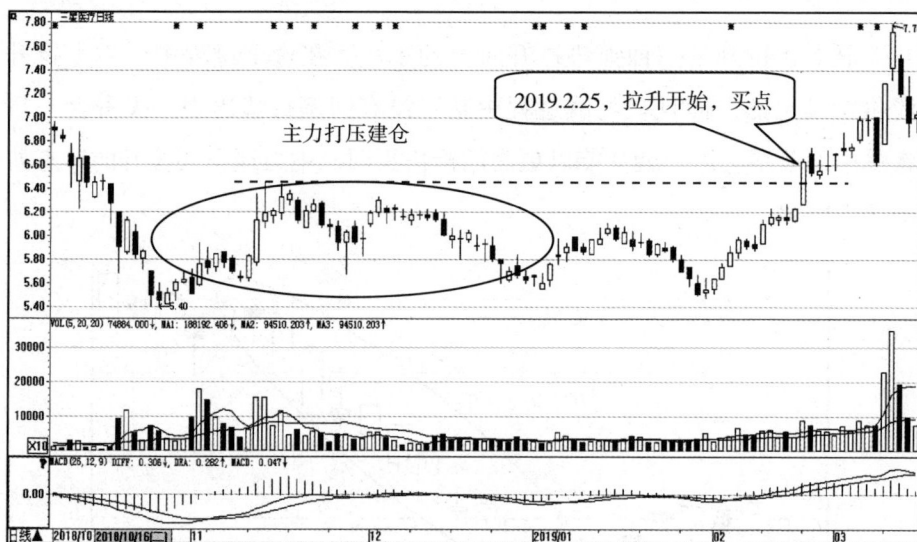

图7-4　三星医疗日K线

实战提高

1. 主力在打压建仓过程中需要动用大量资金，并且要经过长时间的建仓准备，因此其建仓完成后的获利目标也就相对更高。所以一只股票经过打压建仓后，未来必定有很大的上涨空间。

2. 经过打压建仓后，主力可能会先洗盘一段时间再开始拉升股价。这样的洗盘可能持续较长时间，而且在洗盘过程中股价可能有较大跌幅。因此，投资者最好等到拉升行情真正开始后再买入股票。

形态 97：主力逼空式拉升的买入形态

⊃ 技术特征

　　逼空式拉升是一种强势拉升股价的手法。在这个过程中，主力拉升股价持续上涨，而且在上涨过程中基本没有回调行情出现。投资者一旦将手中的股票卖出，就只能以更高的价格买回。主力逼空式拉升的形态如图 7-5 所示。

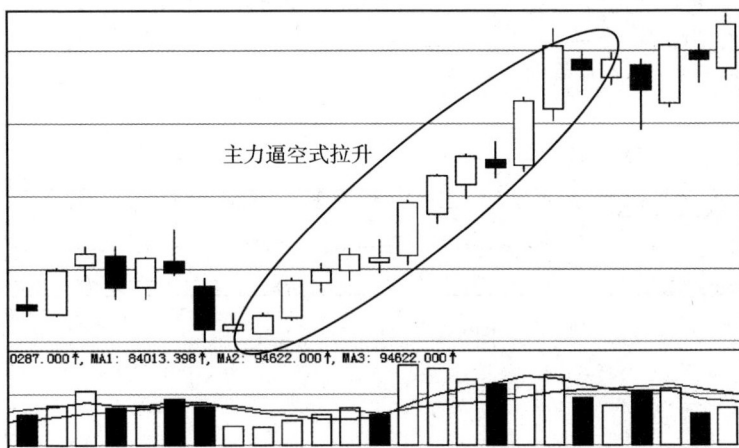

主力逼空式拉升

0287.000↑, MA1：84013.398↑ MA2：94622.000↑, MA3：94622.000↑

图7-5　主力逼空式拉升

　　当主力采用逼空式拉升的方法拉升股价时，往往会有利好消息配合，同时也会有大量买盘跟风进入，造成股价持续上涨。

出击买点　　在强势上涨过程中，投资者可以追高买入。

⊃ 经典案例

　　如图 7-6 所示，2020 年 4 月至 6 月，长城汽车（601633）股价在低位出现小幅涨跌，这个形态很可能是主力在打压建仓。7 月初，长城汽车股价开始放量上涨，并且在上涨过程中很少有回调，这说明主力建仓完成后开始拉升股价，而且是逼空式拉升，此时投资者可以追高买入。

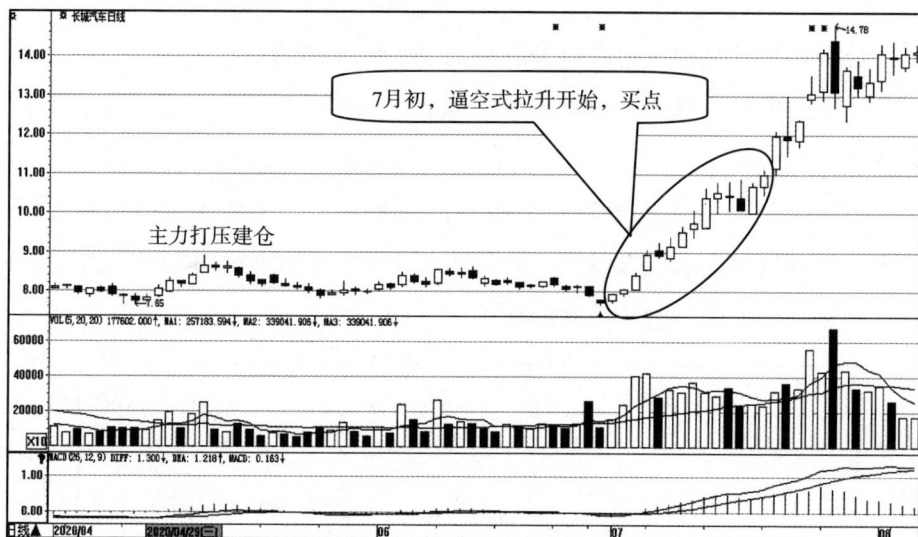

图7-6　长城汽车日K线

实战提高

　　1. 主力使用逼空式拉升的手法时，往往需要有利好消息配合，因此在跟庄买入这类股票后，投资应该密切关注消息面的变化。

　　2. 主力在逼空式拉升过程中会消耗大量资金，因此逼空式拉升一段时间后可能出现较长时间的横盘整理或者深度回调的行情。买入这类股票后，投资者应保持警惕，当出现见顶迹象时就卖出股票，确保收益。

形态 98：主力台阶式拉升的买入形态

⊃ 技术特征

台阶式拉升是指主力在拉升股价的过程中，股价每次被拉升一段后就横盘几个交易日，从而形成了一个类似台阶状的上涨形态。台阶式拉升形态如图 7-7 所示。

当主力使用台阶式拉升的手法时，说明主力并不急于拉升股价，股价每上涨一段时间就横盘洗盘，这样市场上散户的持股成本就会被不断抬高，这是一种非常稳健的拉升形态。

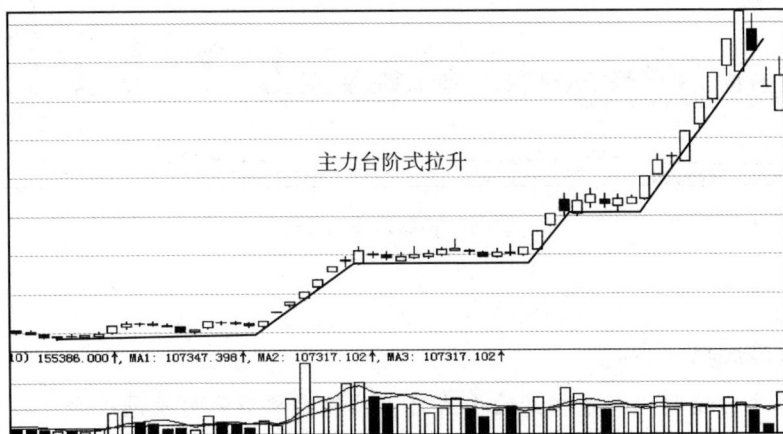

图7-7 主力台阶式拉升

出击买点　　一旦台阶式拉升的形态确定，当股价结束横盘继续上涨时，买点出现。

➲ 经典案例

如图 7-8 所示，2019 年 8 月开始，旗滨集团（601636）进入了阶梯形拉升的形态，这个形态说明主力在稳健地拉升股价，未来股价将有较大的上涨空间。每次股价结束横盘继续上涨时，都是很好的买入时机。

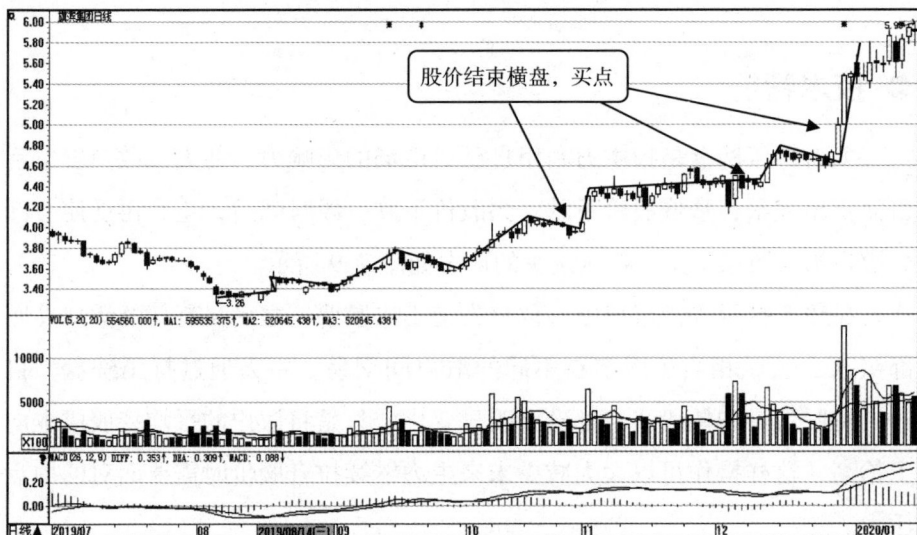

图7-8　旗滨集团日K线

实战提高

1. 在台阶式拉升过程中，如果股价上涨时成交量放大，横盘时成交量萎缩，则说明上涨行情十分稳固。

2. 阶梯形拉升的形态十分稳健。当主力使用这种方法拉升股价时，说明主力希望股价在较长一段时间内持续上涨。因此按照这样的形态买入股票后，投资者最好能够稳定持股，避免被主力洗掉。

3. 股价上涨一段时间后可能不会横盘洗盘，而是略微下跌或者略微上涨，这些都可以算作有效的台阶式拉升形态。

形态 99： 主力打压洗盘的买入形态

➲ 技术特征

　　主力打压洗盘是指主力利用自己对市场的影响力，使大量散户看空后市而卖出股票，造成股价下跌；当股价下跌一段时间后，主力再诱使一部分散户买入股票。主力打压洗盘的形态如图 7-9 所示。

　　在整个打压洗盘过程中，散户先是卖出股票，之后又有新的散户在底部买入，这就相当于股票在不同的散户间交易。主力通过打压洗盘，自己的持股数量和持股成本都没有明显变化，只是将散户的平均持股成本向上抬高，这样操作可以大大减少未来主力继续拉升股价时需要面对的抛盘压力。

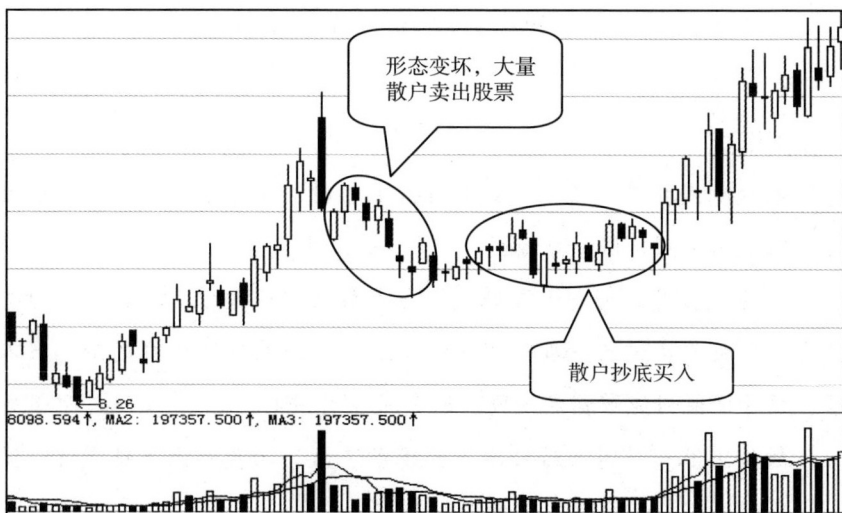

图7-9　主力打压洗盘

出击买点 ▷ 当主力结束打压洗盘继续拉升股价时，买点出现。

⊃ 经典案例

如图 7-10 所示，2020 年 4 月 24 日至 28 日，蓝科高新（601798）股价经过持续上涨后，突然大跌。从形态上看，此时上涨行情已经被破坏，众多散户没有理由继续看好后市，必定大量卖出股票。但是这之后一段时间，股价持续在底部横盘，这可能是有主力在这个位置买入股票。而之前股价连续跌停可能是主力在拉升股价一段时间后打压洗盘。通过这样的打压洗盘操作，主力的持仓数量和持股成本并没有太大变化，但是将市场上散户的平均持股成本大大抬高，这是主力在为之后继续拉升股价做准备。

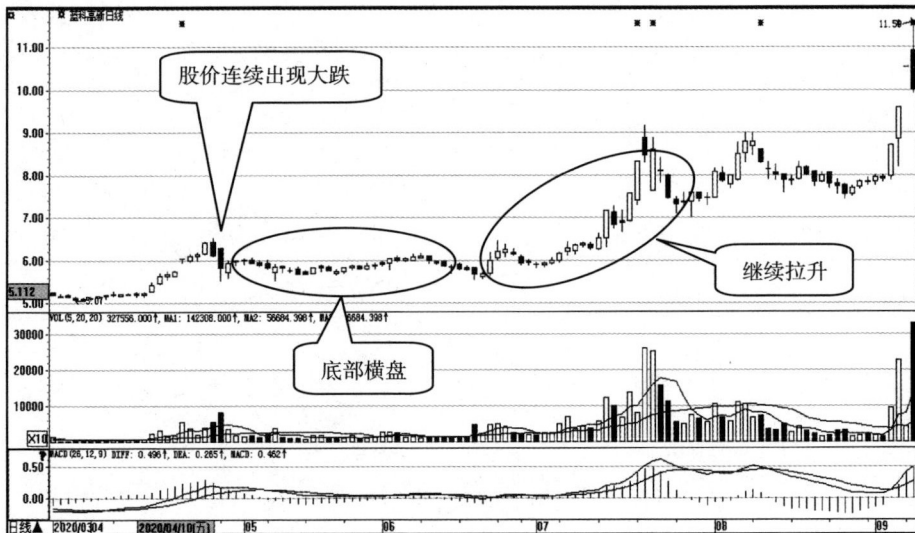

图7-10　蓝科高新日K线

实战提高

1. 除了抬高散户的平均持股成本外，主力打压洗盘还有一个重要的目的是为之后出货做准备。当散户对上涨过程中的打压洗盘逐渐适应后，未来即使主力出货造成股价下跌，也会有大量散户认为这是上涨中途的洗盘。

2. 投资者可以利用技术分析和消息面来判断主力是出货还是洗盘。在上涨行情中，如果投资者根据技术分析、消息面等因素判断股价会下跌，而股价真的下跌了，那么这种下跌很可能是散户大量卖出造成的，也就更可能是主力在洗盘。如果投资者并没有理由看空后市，而股价下跌了，则很可能是主力在卖出股票，这是主力出货的信号。

形态 100：主力震荡洗盘的买入形态

➲ 技术特征

主力震荡洗盘是指主力将股价拉升一段时间后，让股价在高位一个稳固的区间内长期横盘震荡。主力震荡洗盘的形态如图 7-11 所示。

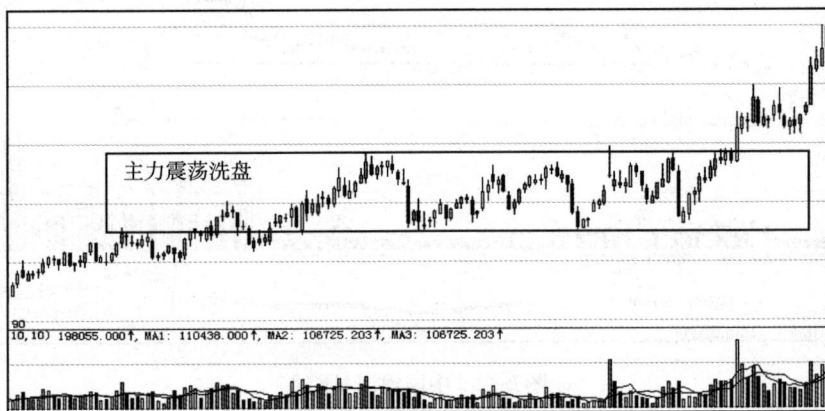

图7-11　主力震荡洗盘

在震荡洗盘过程中，前期已经获利的投资者会逐渐卖出手中的股票；而前期没有买入、正在后悔的投资者，则会趁这个机会买入。因此，在较长时间的震荡洗盘过程中，主力实际上并不用买卖太多股票，市场上的交易主要在散户之间进行。经过这样一段震荡洗盘，主力成功将散户的平均持股成本大幅抬高，为之后自己拉升股价做准备。

出击买点　当股价突破震荡横盘的高点时，买点出现。

⊃ 经典案例

如图 7-12 所示，2018 年 11 月到 2019 年 1 月，中国银河（601881）的股价经过一段时间上涨后在顶部形成了矩形震荡行情，这是主力在震荡洗盘的信号。2019 年 2 月 13 日，股价突破震荡区间的高点，这说明主力洗盘结束，开始继续拉升股价，此时买点出现。

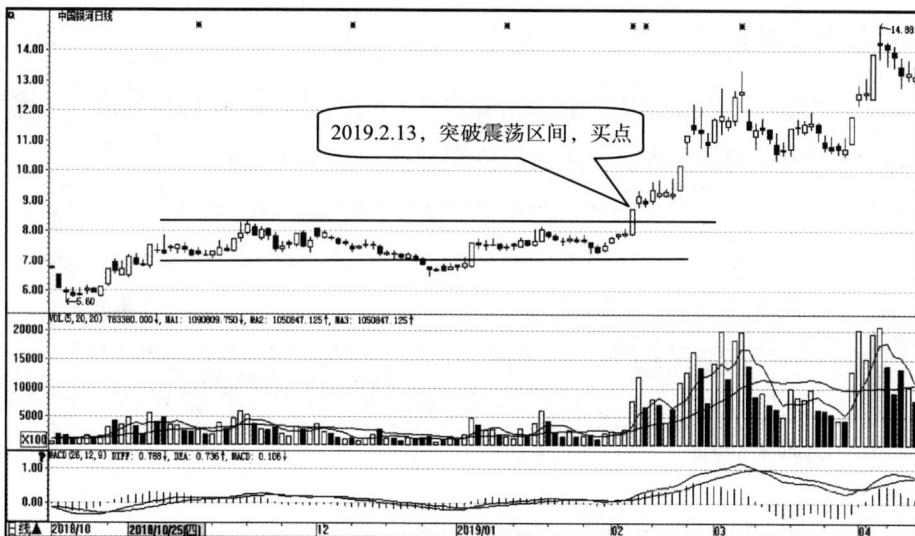

图7-12　中国银河日K线

实战提高

1. 股价在高位震荡的区间可能是矩形区间，也可能是三角形、旗形或者楔形区间。

2. 主力打压洗盘时，往往是在下跌过程中散户先将手中的股票卖给主力，而股价见底反弹后主力再将股票卖给新的散户。震荡洗盘时，股票直接在不同的散户之间交易，主力只是维持股价在震荡区间运行，并没有过多地参与股票买卖。

第 8 章

K 线图的综合买入形态

形态 101：三金叉

➲ 技术特征

1. 当短期移动平均线向上突破中长期移动平均线时，二者就形成了移动平均线金叉形态。当短期均量线向上突破中长期均量线时，二者就形成了均量线金叉形态。当 DIFF 线向上突破 DEA 线时，二者就形成了 MACD 指标的金叉形态。

2. 如果移动平均线的金叉和均量线金叉、MACD 指标金叉在几乎同一时间完成，就形成了三金叉形态。三金叉形态如图 8-1 所示。

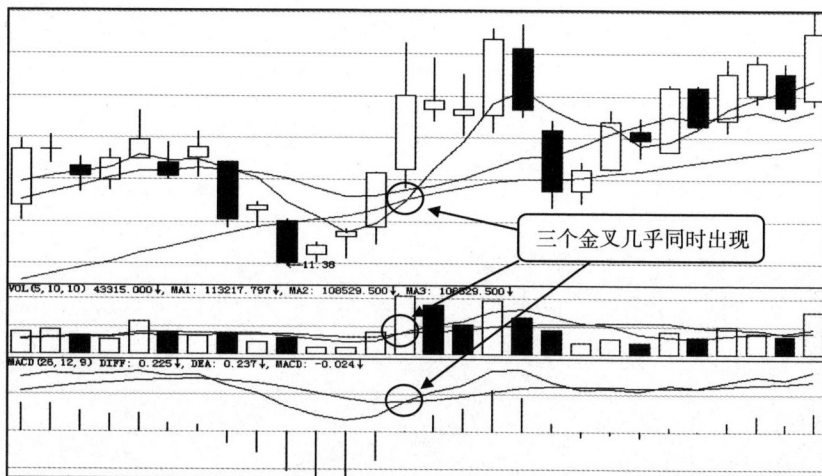

图8-1 三金叉

三金叉形态说明股价结束调整，开始上涨行情，且股价上涨的动能逐渐增强，上涨速度也会越来越快，这是一个强势看涨信号。

出击买点 ▶ 　　当三个金叉同时完成时，买点出现。

⊃ 经典案例

　　如图 8-2 所示，2019 年 8 月 19 日，人民网（603000）股价大涨，随之均线、均量线和 MACD 指标相继完成金叉，形成三金叉形态，这是股价会强势上涨的信号，此时买点出现。

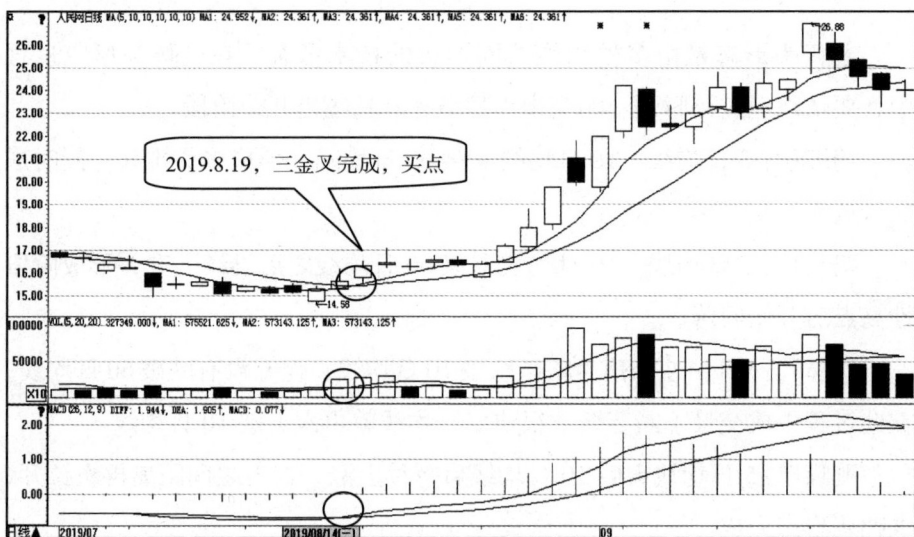

图8-2　人民网日K线

实战提高

　　1. 三个指标的金叉形态可以在一个交易日内同时完成，也可以在连续 2~3 个交易日内相继完成，这都是有效的看涨信号。

　　2. 三金叉形态多数出现在一段下跌行情后期，预示着股价将见底反弹。也有可能出现在上涨过程中股价暂时回调时，形成股价会继续上涨的信号。

形态 102：老鸭头

⊃ 技术特征

老鸭头形态是由多根均线共同形成的技术形态。在老鸭头形成过程中，要依次经过鸭脖颈、鸭头顶、鸭鼻孔和鸭嘴巴几个阶段。

鸭脖颈：5 日均线、10 日均线上穿 60 日均线，形成多头排列，同时成交量放大。

鸭头顶：5 日均线、10 日均线上穿 60 日均线之后继续上升，形成阶段性高点后开始回落。

鸭鼻孔：5 日快速回落后略微跌破 10 日均线，但并没有跌破 60 日均线，在此过程中成交量不断萎缩，很快 5 日均线就再次突破 10 日均线。

鸭嘴巴：5 日均线突破 10 日均线后持续上涨，二者之间距离再次拉开，老鸭头形态完成。

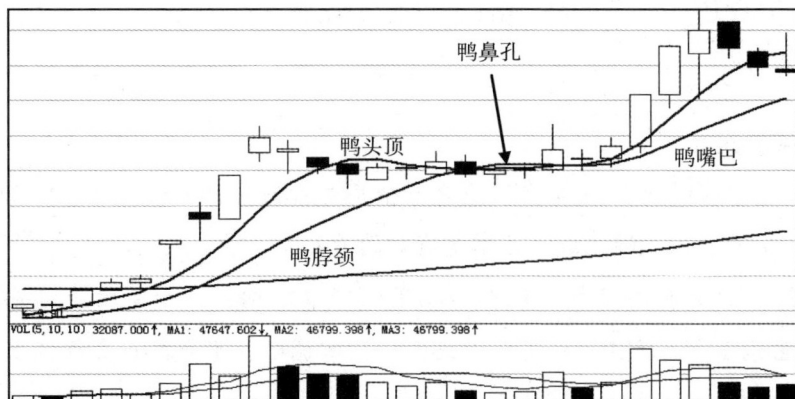

图8-3　老鸭头形态

老鸭头形态如图 8-3 所示。

老鸭头形态说明市场上经过了从上涨动能逐渐积累，到上涨一段后稍做调整，最后继续上涨的过程。在鸭脖颈阶段，股价刚刚突破 60 日线，并且逐渐上涨，这是市场信心恢复、上涨动能逐渐积累的信号。在鸭头顶阶段，股价略微回调。之后鸭鼻孔很小，说明股价回调幅度十分有限，此时多数投资者仍然坚持看好后市。等到鸭嘴巴打开时，显示新的上涨行情已经展开。

出击买点　　当鸭鼻孔完成、鸭嘴巴逐渐打开时，买点出现。

➲ 经典案例

如图 8-4 所示，2019 年 12 月至 2020 年 1 月，中科曙光（603019）的日 K 线图上形成了老鸭头形态，这个形态说明市场上上涨动能逐渐累积，是股价会持续上涨的信号。2020 年 1 月 3 日，股价放量上涨，此时老鸭头形态的鸭嘴巴打开，买点出现。

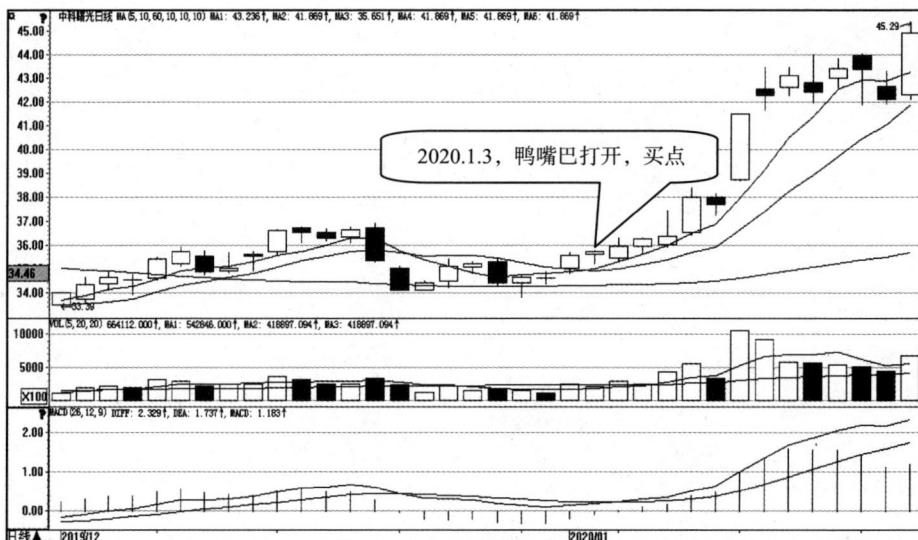

图8-4　中科曙光日K线

实战提高

1. 老鸭头形态中的鸭头顶最好能离 60 日均线有一定距离，这是上涨行情已经基本确定的信号。

2. 老鸭头形态中的鸭鼻孔越小，说明股价上涨动能越强，该形态看涨信号也就越强烈。另外还应注意，在鸭鼻孔形成过程中，成交量必须是持续萎缩的。

3. 如果在鸭鼻孔完成、5 日均线突破 10 日均线的同时，均量线和 MACD 指标也完成了金叉，则该形态的看涨信号会更加强烈。

形态 103：散兵坑

➲ 技术特征

散兵坑是指在股价缓慢上涨过程中，成交量也逐渐放大。但此时突然股价快速下挫，成交量萎缩，不过这种下挫不会持续很久。经过几个交易日或一周左右的时间后，股价就会继续原来的上涨行情，而成交量也会再次放大。散兵坑形态如图 8-5 所示。

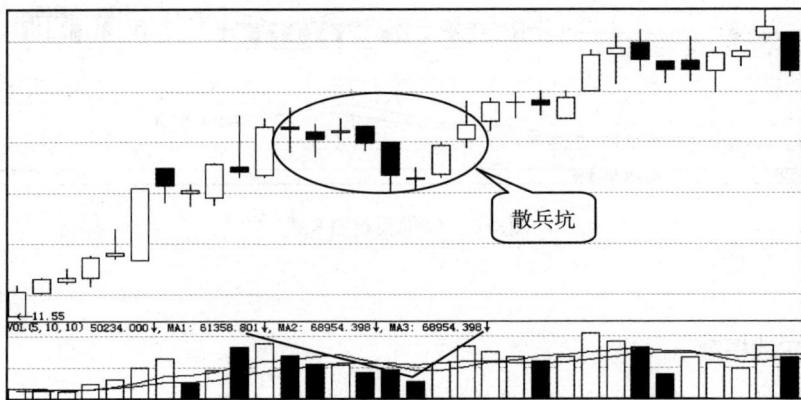

图8-5　散兵坑形态

散兵坑实际上是主力在拉升途中进行的凶悍洗盘。经过这样的洗盘，原本获利的大量浮动筹码会被震出来，散户的持股成本将被大大抬高。

出击买点 当股价放量上涨，重新开始上涨行情时，买点出现。

⊃ 经典案例

如图 8-6 所示，2020 年 6 月底至 7 月初，在台华新材（603055）的日 K 线图中出现了散兵坑形态，这是主力在强力洗盘的标志。7 月 7 日，股价结束散兵坑形态后继续上涨行情，此时买点出现。

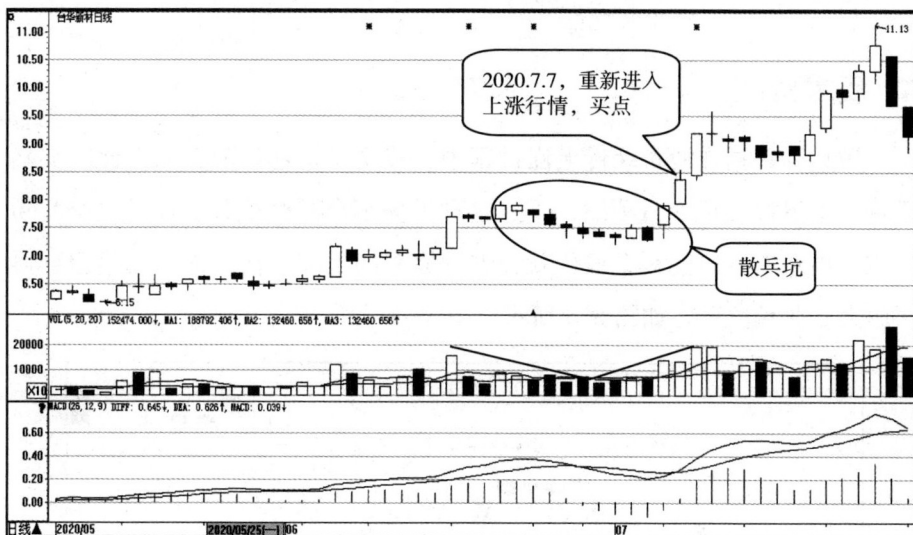

图8-6　台华新材日K线

实战提高

1. 散兵坑只有出现在上涨行情中才是有效的看涨信号。

2. 在散兵坑形成过程中，股价下跌的幅度不宜太深。如果散兵坑的下跌已经破坏了原来的上涨行情，则未来股价上涨时的爆发力将受到很大影响。

3. 在股价形成散兵坑的过程中，成交量最好也形成类似的散兵坑形态：当股价下跌时成交量快速萎缩，当股价见底上涨时成交量也逐渐放大。

形态 104：空中加油

➲ 技术特征

　　股价自底部开始经过一段快速飙升后，在一定高位受到空头的抛压出现短暂蓄势休整，这种高位的短暂休整就是空中加油形态。主力在空中加油补充能量后，获得向更高目标发起攻击的动力，未来股价将继续被快速拉升。空中加油形态如图 8-7 所示。

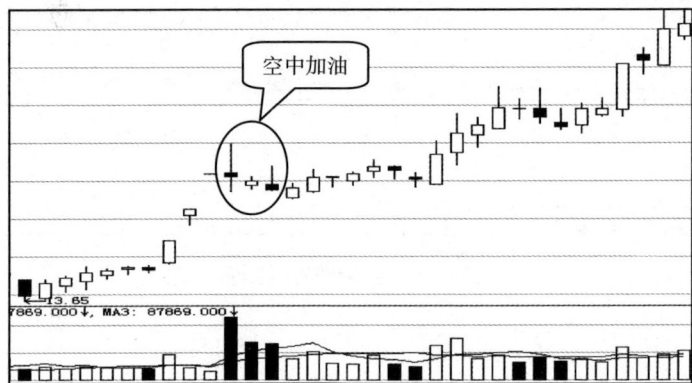

图8-7　空中加油

　　在空中加油之前的一波上涨行情中，主力往往无法达到出货的目的，甚至其抬拉股价本身就是在快速建仓。因此，主力经过空中加油积蓄力量后，需要继续拉升股价才能成功出货。

出击买点 　　当空中加油形态完成，股价继续上涨时，买点出现。

➲ 经典案例

如图 8-8 所示，2019 年 2 月 25 日至 3 月 6 日，中视传媒（600088）经过一段时间的快速上涨后开始在顶部放量横盘，形成了空中加油形态，这个形态说明主力在顶部积蓄力量，准备将股价继续向上拉升。3 月 7 日，空中加油形态完成，股价继续上涨，此时买点出现。

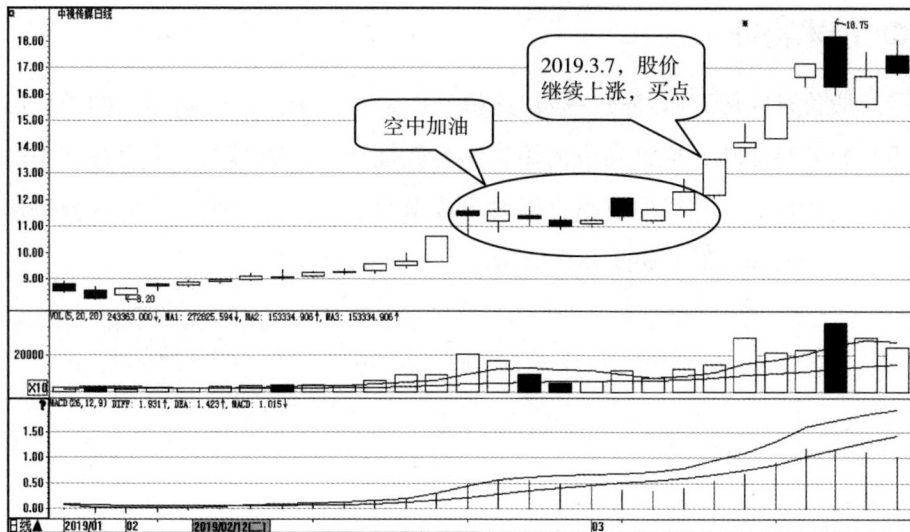

图8-8　中视传媒日K线

实战提高

1. 在空中加油之前的一波上涨行情中，股价最好是无量涨停，这样就验证了主力并没有机会在这个过程中出货的判断。

2. 当股价高位遇到阻力时，往往会在 5 日均线或者 10 日均线位置获得支撑，并不会有明显下跌，这一点与散兵坑形态有很大不同。

3. 当股价在顶部遇到阻力时，成交量必须明显放大，这是主力在积蓄力量，准备继续拉升的标志。

形态 105：突破重围

⊃ 技术特征

　　当股价横盘整理一段时间后，多根均线会纠缠在一起。此时如果出现一根放量大阳线，一举穿越多根均线的阻力，就形成了突破重围形态，如图 8-9 所示。

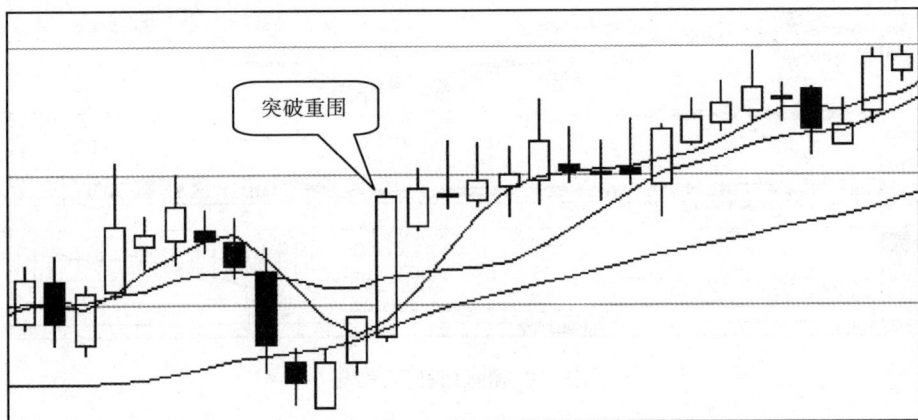

图8-9　突破重围

　　突破重围的 K 线形态说明经过一段横盘整理行情后，多方开始强势拉升股价，这是未来股价将持续上涨的信号。

出击买点　　突破重围的长阳线出现后，买点出现。

⊃ 经典案例

如图 8-10 所示，2019 年 11 月，湘财股份（600095）的股价持续横盘整理，在横盘整理过程中，其多根移动平均线纠缠在一起。2019 年 12 月 6 日，该股放量上涨，形成一个涨停板。这个交易日的阳线一举突破了纠缠在一起的多根均线，形成了突破重围形态。这样的形态说明多方开始强势拉升股价，此时买点出现。

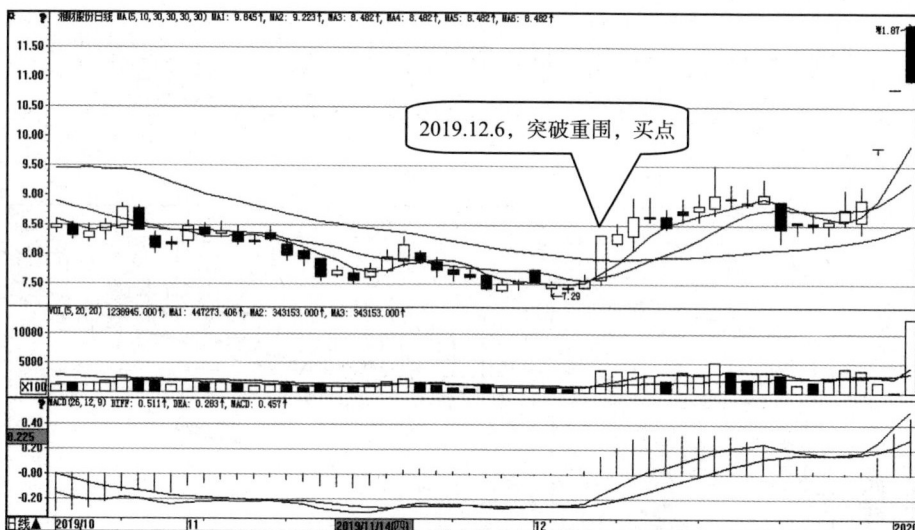

图8-10　湘财股份日K线

实战提高

1. 如果突破重围形态出现的同时成交量大幅放大，则该形态的看涨信号会更加可靠。

2. 突破重围完成后，随着股价上涨，多条移动平均线会逐渐发散开形成多头排列。只要这个多头排列形态不被破坏，投资者就可以放心持股。

3. 在突破重围的形态中，最常被用到的均线组合包括 5 日均线、10 日均线和 30 日均线。

形态 106：平台起飞

⊃ 技术特征

1. 股票经过一段时间后，K 线走成多根小阴线和小阳线。每根 K 线的涨跌幅度都不大，且位置基本水平，组成了"一"字平台。

2. 突然有一天，股价放量上涨，这天的成交量超过前期成交量两倍，且股价大幅上涨，甚至涨停。

平台起飞的形态如图 8-11 所示。

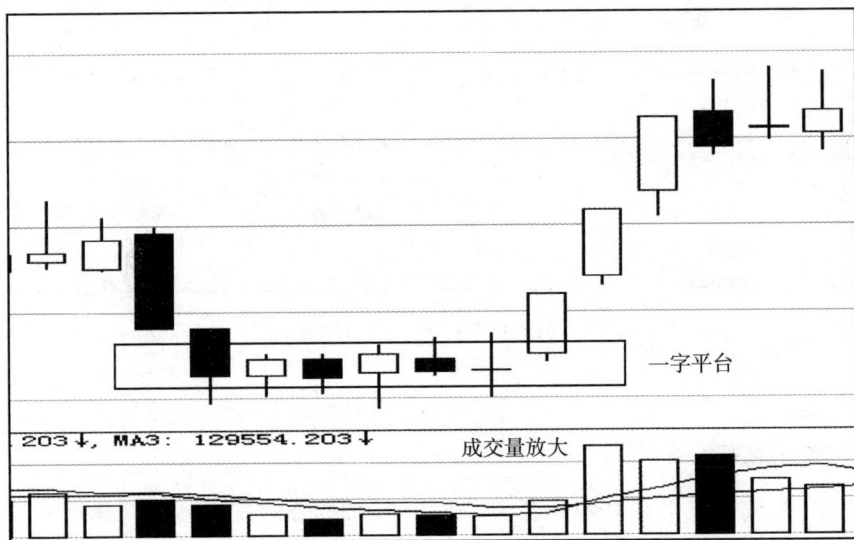

图8-11　平台起飞

平台起飞形态说明多方力量经过一段时间积累后，集中爆发，这是股价将持续上涨的信号。

当股价放量突破横盘平台时，买点出现。

⊃ 经典案例

如图 8-12 所示，2020 年 6 月 12 日至 7 月 1 日，广州发展（600098）的股价在底部持续横盘整理，形成一字平台。7 月 2 日，股价放量上涨，突破整理平台，同时成交量超过前期成交量的两倍，平台起飞形态完成。

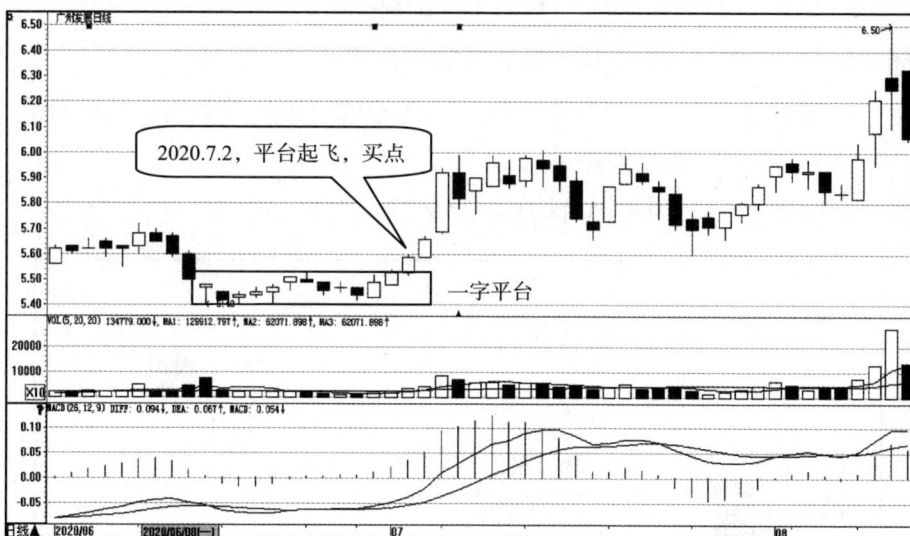

图8-12 广州发展日K线

实战提高

1. 股价突破平台时的成交量越大，则该形态的看涨信号越强。不过如果向上突破的 K 线是一字涨停线，则这根 K 线的成交量即使是极度萎缩也足以说明多方强势。

2. 股价突破整理平台的同时如果也突破了均线的压力，则该形态的看涨信号会更加可靠。

形态 107：胜利会师

➲ 技术特征

胜利会师是指短期、中期和长期均线由空头排列到逐渐聚拢、纠缠在一起，最后完成多头排列的过程，如图 8-13 所示。

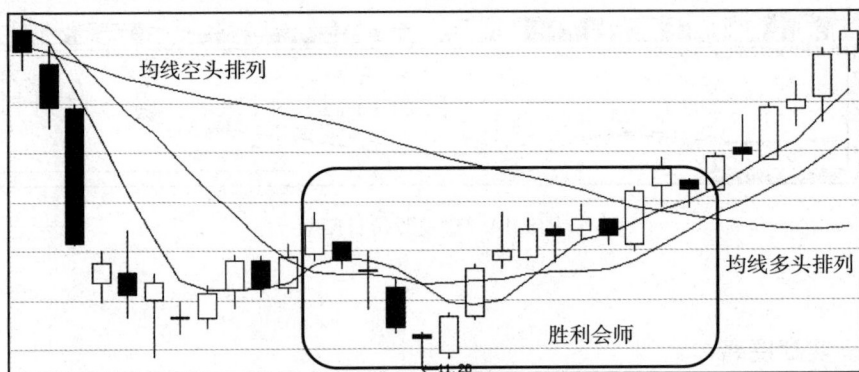

图8-13　胜利会师

均线胜利会师的形态说明市场上由空方强势逐渐变成多空僵持。一旦多头排列完成，就说明市场进入多方强势行情，未来股价将持续上涨。

> **出击买点** 　　当均线的多头排列完成时，买点出现。

➲ 经典案例

如图 8-14 所示，2020 年 3 月，建发股份（600153）经过一段时间下跌行情后，其均线指标在底部形成了胜利会师的形态，这个形态说明市场上由空方强势变成了多空僵持的局面。4 月 20 日，多头排列最终完成，此时买点出现。

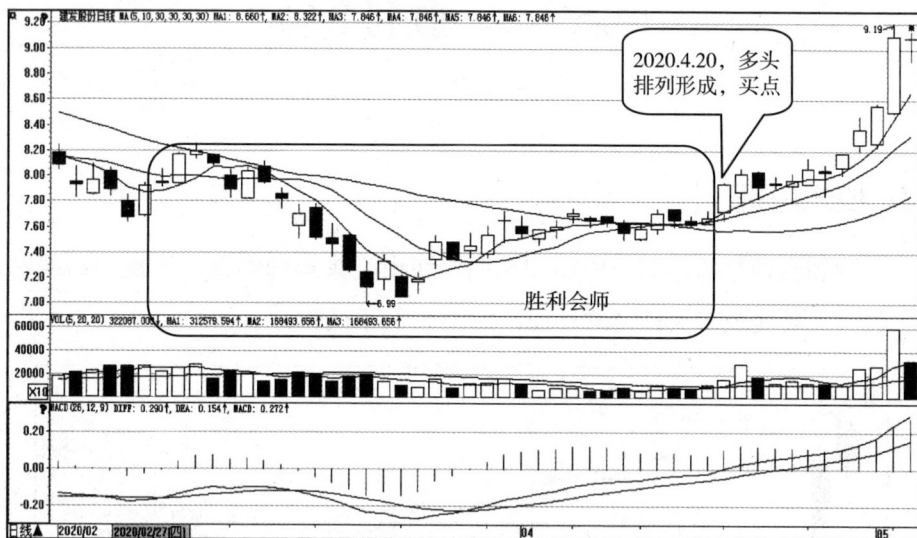

图8-14　建发股份日K线

实战提高

1. 在移动平均线胜利会师的过程中，如果成交量持续放大，则说明股价下跌后获得了多方有力支撑，这样的情况下该形态的看涨信号会更加可靠。

2. 在移动平均线胜利会师的同时，KDJ 指标往往会在低位形成金叉，而 BOLL 指标的中轨也会被突破，形成多头格局。

形态 108：底部高跟鞋

➲ 技术特征

底部高跟鞋是指股价在下跌行情的尾端，形成连续两个底部。第一个底部略尖，后一个底部则比较平缓，二者组合成的形态形似一只高跟鞋。底部高跟鞋形态如图 8-15 所示。

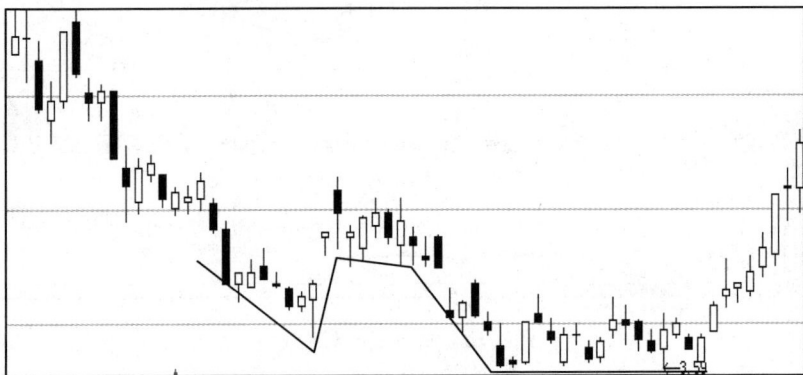

图8-15　底部高跟鞋

底部高跟鞋的第一个底部可以被看作是空方在试探下方支撑位。当第二个底部出现时，则说明空方已经发动攻势，而多方则顽强抵抗，多空双方在这个位置激烈争夺。最终股价上涨，就说明多方在争夺中最终取胜，未来股价将继续上涨。

出击买点 ➤ 当股价突破高跟鞋第一个底反弹时的高点时，说明上涨行情已经开始，买点出现。

➲ 经典案例

如图 8-16 所示，2020 年 4 月至 5 月，永泰能源（600157）的日 K 线图上出现了底部高跟鞋形态，这个形态说明，多空双方在这个区域进行了激烈的争夺。6 月 11 日，在鞋底形态完成后，该股股价开始放量上涨，说明多方在争夺中胜出，买点出现。

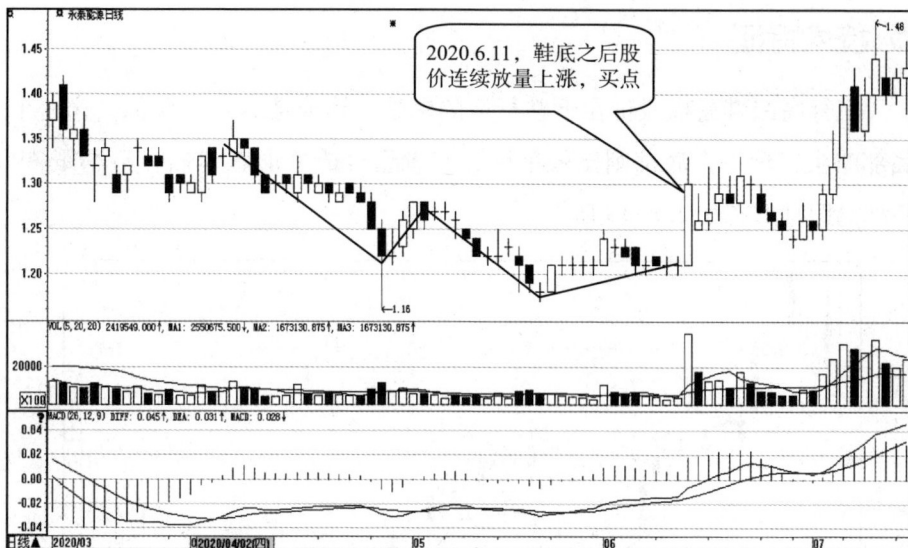

图8-16　永泰能源日K线

实战提高

1. 高跟鞋的两个底部大致水平即可，最好是第二个底略低于第一个底。如果股价在第二个底创新低的同时 MACD 指标柱线没有创新低，股价和 MACD 柱线形成背离，则该形态的看涨信号会更加可靠。

2. 在底部高跟鞋出现时，最好股价在中长期均线下方较远的位置，这样股价未来上涨时不会遇到太多阻力。